ATLAS DE L'UNIVERS

Données de catalogage avant publication (Canada)

Vedette principale au titre : Atlas de l'Univers

(Atlas)

Comprend un index.

Pour les jeunes de 8 à 12 ans.

ISBN 2-7644-0824-2

I. Univers – Encyclopédies pour la jeunesse. I. QA International (Firme).

QB983.A84 2004   j523.1'03   C2004-940876-3

L'*Atlas de l'Univers* est une création de **QA Kids**,
une division de Les Éditions Québec Amérique inc.
329, rue de la Commune Ouest, 3e étage
Montréal (Québec) H2Y 2E1 Canada
T 514.499.3000 **F** 514.499.3010
www.quebec-amerique.com

©2004 Éditions Québec Amérique inc., tous droits réservés.

Il est interdit de reproduire ou d'utiliser le contenu de cet ouvrage, sous quelque forme et par quelque moyen que ce soit — reproduction électronique ou mécanique, y compris la photocopie et l'enregistrement — sans la permission écrite de l'éditeur.

Nous reconnaissons l'aide financière du gouvernement du Canada par l'entremise du Programme d'aide au développement de l'industrie de l'édition (PADIÉ) pour nos activités d'édition.

Gouvernement du Québec – Programme de crédit d'impôt pour l'édition de livres – Gestion SODEC.

Les Éditions Québec Amérique bénéficient du Programme de subvention globale du Conseil des Arts du Canada. Elles tiennent également à remercier la SODEC pour son appui financier.

Imprimé et relié à Singapour.
10 9 8 7 6 5 4 3 2 1   09 08 07 06 05   03

Éditrice
Caroline Fortin

Directrice éditoriale
Martine Podesto

Rédactrice en chef
Johanne Champagne

Adjointe à la rédaction
Marie-Anne Legault

Designers graphiques
Josée Noiseux
Éric Millette

Mise en pages
Jérôme Lavoie
Jean-François Nault

Directrice artistique
Anouk Noël

Illustrateurs
Carl Pelletier
Rielle Lévesque
Marc Lalumière
Mamadou Togola
Michel Rouleau
Ara Yazedjian
Jean-Yves Ahern
Mélanie Boivin

Documentaliste photos
Nathalie Gignac

Réviseur-correcteur
Claude Frappier

Astronome
Robert Lamontagne

Table des matières

L'Univers
- 6 Histoire de l'Univers
- 10 Galaxies
- 12 Voie lactée

Les astres de lumière
- 16 Soleil
- 20 Étoiles

Notre petit coin d'Univers
- 26 Système solaire
- 28 Mercure
- 30 Vénus
- 32 Terre
- 36 Mars
- 38 Jupiter
- 40 Saturne
- 42 Uranus
- 44 Neptune
- 46 Pluton
- 48 Lune
- 52 Astéroïdes
- 54 Comètes
- 56 Météores et météorites

L'exploration spatiale
- 60 Observer l'Univers
- 62 Explorer l'Univers
- 66 Vie extraterrestre

Faits 68
Cartes du ciel 70
Activités 74
Glossaire 76
Index 78

L'Univers

Depuis l'aube des temps, l'Univers est le théâtre d'une grande activité. Au fur et à mesure que les premières particules de matière se forment et s'organisent en atomes, des nuages de gaz et de poussières se multiplient. Puis, des milliards d'étoiles naissent au cœur de ces nuages et s'assemblent en galaxies multiformes. Entourées d'immenses espaces vides, des milliards de galaxies composent de nos jours la toile de fond de l'Univers. Parmi elles se trouve une galaxie spirale, la Voie lactée, qui voyage dans le cosmos telle une roue lumineuse, emportant dans ses bras le Système solaire.

HISTOIRE DE L'UNIVERS

Il était une fois un univers…

L'Univers, c'est tout ce qui existe, du sol sur lequel on marche jusqu'à l'air que l'on respire, en passant par tout ce qui vit et ne vit pas. Depuis le début des temps, les êtres humains se sont demandé d'où venaient les astres qui illuminaient le ciel. Tous les peuples qui ont traversé l'histoire ont inventé des histoires merveilleuses pour répondre à cette question. Au siècle dernier, les cosmologistes, des astronomes spécialisés dans l'histoire de l'Univers, ont proposé une théorie pour expliquer sa naissance et son évolution. Leur théorie s'appelle le Big Bang.

La théorie du Big Bang
La plupart des astronomes pensent qu'il y a environ 15 milliards d'années, l'Univers était plus petit qu'une tête d'épingle. Toute l'énergie emprisonnée dans ce minuscule point aurait été libérée subitement au cours d'une formidable « explosion », le fameux Big Bang. Une sorte de boule d'énergie extrêmement chaude aurait alors pris de l'expansion à toute allure. De petites particules de matière auraient commencé à se former dans cet Univers naissant, et à s'organiser en étoiles et en galaxies. Aujourd'hui encore, l'Univers continue de s'étendre, comme un ballon que l'on gonfle.

0 seconde
Une quantité inimaginable d'énergie est libérée.

0,000001 seconde
Les toutes premières particules de matière, les minuscules quarks, commencent à se former à partir de l'énergie du Big Bang. Les quarks s'assemblent en protons et en neutrons.

300 000 ans
Les neutrons, les protons et les électrons s'assemblent pour former les premiers atomes constituant la matière. Ces atomes sont l'hydrogène, une des composantes de l'eau, et l'hélium, ce gaz léger dont on gonfle parfois les ballons.

15 milliards d'années
L'Univers, tel qu'on le connaît aujourd'hui, avec ses milliards de galaxies remplies d'étoiles.

10,5 milliards d'années
Le Soleil apparaît dans un des bras de la Voie lactée, suivi de près par son cortège de planètes. Le Système solaire est né.

1 milliard d'années
Un peu partout dans l'espace, l'hydrogène et l'hélium commencent à s'organiser et à former des étoiles, puis des galaxies, comme la Voie lactée.

Le destin de l'Univers

Depuis le premier instant, l'Univers a commencé à prendre de l'expansion et encore aujourd'hui, ses galaxies ne cessent de s'écarter les unes des autres. Jusqu'à tout récemment, certains astronomes pensaient que l'Univers arrêterait un jour de grandir et se recroquevillerait sur lui-même. Selon cette théorie, appelée le « grand écrasement » ou « Big Crunch », les galaxies, alors attirées les unes sur les autres, entreraient en collision et se fondraient en un seul point. Aujourd'hui, la plupart des astronomes croient plutôt que l'expansion de l'Univers se poursuivra toujours.

Le grand boum !

En 1931, l'abbé Georges Lemaître, brillant astronome belge, fut le premier à suggérer que l'Univers avait été créé instantanément lors d'une gigantesque explosion. C'est le physicien anglais Fred Hoyle, farouche adversaire de cette théorie d'un « grand boum », qui inventa le terme « Big Bang » pour se moquer ! Cet éternel sceptique croyait plutôt que l'Univers avait toujours été là, tel quel.

HISTOIRE DE L'UNIVERS

La vraie nature de l'Univers

Aux premiers jours de l'Univers, il n'y avait rien : ni étoiles, ni planètes, ni le moindre grain de poussière. Environ un milliard d'années plus tard, les étoiles commencèrent à se former à partir de la masse gazeuse qui constituait alors le jeune Univers. Encore de nos jours, des étoiles naissent pendant que d'autres disparaissent. Toute la matière contenue dans l'Univers est en constante transformation. Mais de quoi cette matière cosmique est-elle faite ? Vers l'an 400 avant notre ère, on croyait que tout ce qui existait était composé de quatre éléments, soit le feu, l'air, l'eau et la terre. Le philosophe grec Démocrite pensait au contraire que la matière était constituée d'éléments minuscules, qu'il baptisa « atomes ». Ses idées avant-gardistes furent oubliées jusqu'à ce que le chimiste anglais John Dalton élabore sa théorie atomique en 1803.

Mystérieuse matière

En plus de la matière ordinaire qui compose les galaxies, les étoiles, les planètes et tout ce qui nous entoure, on retrouverait dans l'espace un autre type de matière qui ne serait pas composé de neutrons, de protons et d'électrons. Cette matière invisible est appelée « matière sombre ». Même si la plupart des astronomes s'entendent aujourd'hui sur l'existence de cette mystérieuse matière, on ignore toujours de quoi elle est faite !

AU CŒUR DE LA MATIÈRE

Selon la théorie atomique moderne, toute la matière se compose d'éléments chimiques différents, et chacun de ces éléments est unique car il est constitué d'atomes différents. De plus, les atomes sont formés de composantes plus petites : les particules subatomiques. Les principales particules subatomiques sont les protons, les neutrons et les électrons.

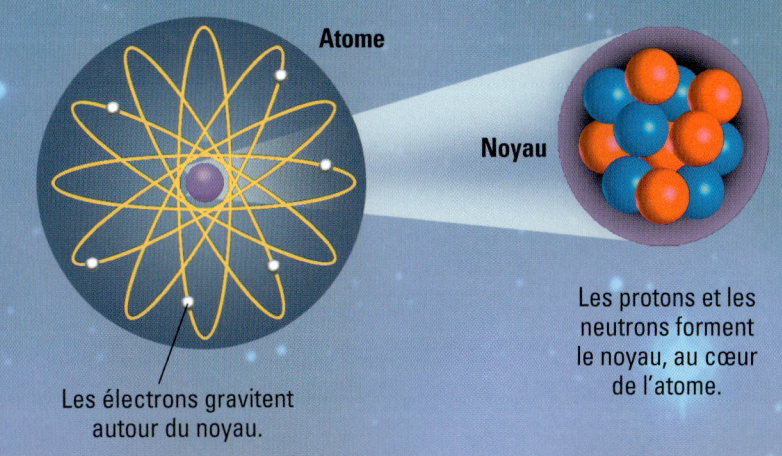

Les électrons gravitent autour du noyau.

Les protons et les neutrons forment le noyau, au cœur de l'atome.

La gravité

La légende raconte que le savant anglais Isaac Newton eut l'idée de la théorie de la gravité alors qu'il était assis sous un pommier. En voyant tomber une pomme, il comprit que la force qui attirait le fruit vers le sol devait être la même que celle qui attirait la Lune vers la Terre et la maintenait sur son orbite. Selon la Loi de Newton, tous les corps s'attirent avec une force proportionnelle à leur masse. Plus un corps est massif, c'est-à-dire plus il contient de matière, plus son attraction est forte. De la même façon, plus un objet est rapproché, plus la force d'attraction qu'il exerce est élevée. Cette force est responsable du mouvement des planètes, des étoiles et des galaxies.

GALAXIES
Des myriades de galaxies

L'Univers compte environ 100 milliards de galaxies composées de gaz, de poussières et d'étoiles. Les plus petites d'entre elles sont formées de millions d'étoiles, alors que les plus grandes en comptent plusieurs centaines de milliards. Ces gigantesques îles de matière cosmique ne sont pas dispersées n'importe comment dans l'espace. Elles sont regroupées en vastes ensembles de galaxies appelés amas. Ces derniers s'assemblent à leur tour en superamas. Ces immenses formations ne remplissent pas totalement l'espace. De vastes régions vides séparent les superamas de galaxies les uns des autres. Les télescopes les plus puissants ont permis de découvrir des millions de galaxies. De nombreuses autres restent encore à trouver avant de pouvoir compléter la carte de l'Univers.

Galaxies cannibales
Certaines galaxies géantes sont si immenses que les astronomes pensent qu'elles ont « avalé » d'autres galaxies qui étaient un jour situées à proximité. Notre Voie lactée ferait partie de ces galaxies cannibales ! On croit qu'elle englobera avec le temps la galaxie du Sagittaire, une petite galaxie naine située dans son voisinage.

D'autres galaxies !
Jusqu'au 20ᵉ siècle, les astronomes étaient convaincus que l'Univers ne comptait qu'une seule galaxie, soit la Voie lactée où nous habitons. Ils avaient observé des taches floues, baptisées « nébuleuses », dont ils ignoraient la nature. En 1924, l'astronome Edwin Hubble a découvert que ces taches étaient en fait d'autres galaxies. Le brillant astronome venait de révolutionner notre conception de l'Univers.

Des galaxies de toutes les formes
Les galaxies présentent toutes sortes de formes. Comme elles sont situées à d'énormes distances de nous, il faut un télescope puissant pour pouvoir les distinguer. On peut classer les galaxies en trois catégories principales : spirales, elliptiques et irrégulières.

Galaxies spirales
Les galaxies spirales regroupent des étoiles de tous les âges. Elles se reconnaissent facilement à leurs bras disposés en spirale autour du centre. Cette catégorie regroupe plusieurs des grandes galaxies connues, telles que notre Galaxie, la Voie lactée, et sa voisine Andromède.

Galaxies elliptiques
Les galaxies elliptiques sont constituées de vieilles étoiles rouges. Certaines galaxies elliptiques sont aplaties comme des crêpes alors que d'autres sont plutôt arrondies.

Galaxies irrégulières
Plusieurs galaxies n'ont pas de forme particulière. Elle peuvent ressembler autant à des soucoupes un peu tordues qu'à de drôles de boules. On les classe dans la catégorie des galaxies irrégulières.

VOIE LACTÉE
Dans les bras de la Galaxie

Par nuit claire, loin des lumières des villes, on peut observer une large bande blanchâtre qui traverse le ciel. Cette traînée de lumière, c'est la lueur des 200 à 300 milliards d'étoiles lointaines qui composent notre Galaxie, la Voie lactée. Presque tout ce que l'on observe dans le ciel, à l'œil nu, appartient à la Voie lactée. Comme toutes les galaxies, la nôtre n'est pas isolée dans une région du cosmos. Elle fait partie d'un amas appelé le Groupe local, lui-même situé dans le Superamas local. La Voie lactée est une gigantesque galaxie spirale. Même en voyageant à la vitesse de la lumière, soit à 300 000 kilomètres par seconde, il faudrait 100 000 ans pour la traverser d'un bout à l'autre !

Du lait renversé !

La Voie lactée a inspiré beaucoup de mythes aux peuples anciens. Pour les Vikings, par exemple, elle formait un pont offrant aux morts un passage jusqu'au ciel. Le nom « Voie lactée » (qui signifie « voie de lait ») nous vient des anciens Grecs qui croyaient à l'époque que la traînée blanche était du lait répandu par le demi-dieu Héraklès (ou Hercule, chez les Romains) alors qu'il était bébé.

FORME DE LA GALAXIE

Vue du dessus, notre Galaxie a la forme d'une gigantesque spirale constituée de plusieurs « bras » énormes disposés autour d'un centre. Les bras portent des milliards d'étoiles de tous les âges, des nuages de gaz et des poussières. Au centre se trouve le bulbe, une sorte de renflement composé d'étoiles rouges géantes et de grands nuages de gaz. De profil, la Voie lactée ressemble plutôt à un œuf au miroir. Le « jaune » est le bulbe central et le « blanc », les bras. Autour de « l'œuf » se trouve le halo, une enveloppe constituée de gaz et d'étoiles très anciennes.

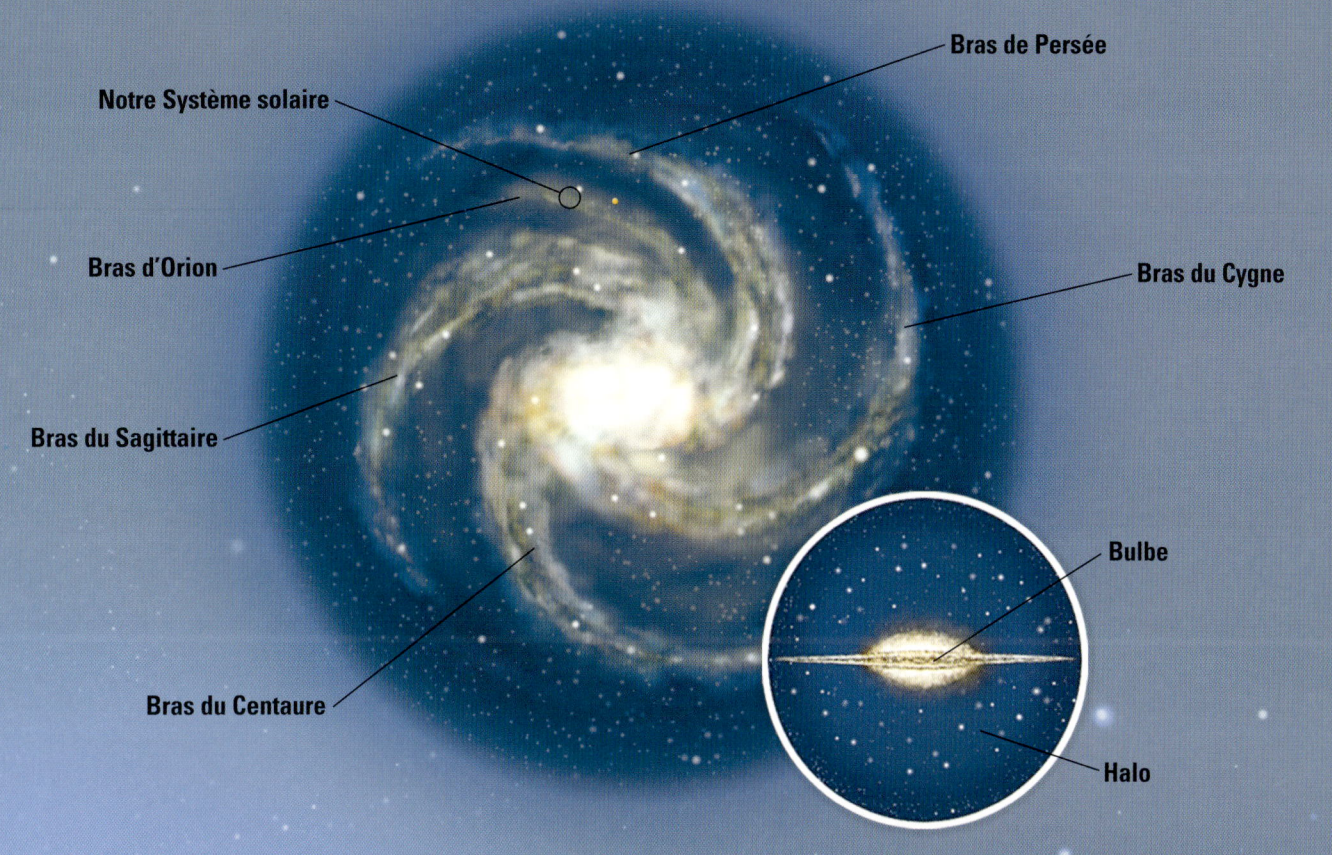

Nos voisines galactiques

La Voie lactée fait partie du Groupe local, un amas formé d'environ 36 galaxies. Si l'on ne tient pas compte des galaxies naines, nos voisines les plus proches sont le Grand Nuage de Magellan, le Petit Nuage de Magellan et la galaxie d'Andromède. Le Superamas local comprend le Groupe local, auquel nous appartenons, ainsi que plusieurs autres amas. Le plus important, l'Amas de la Vierge, est constitué d'environ 1 million de galaxies.

Les astres de lumière

Il y a 4,6 milliards d'années se formait dans un des bras spiraux de la Voie lactée une petite étoile jaunâtre, notre Soleil. Le Soleil n'est qu'une des centaines de milliards d'étoiles qui brillent dans l'Univers. Ces petits points lumineux sont en fait de gigantesques fournaises produisant d'énormes quantités de lumière et de chaleur. Nous avons maintenant une bonne idée de la façon dont les étoiles naissent, vivent et meurent. Nous savons que les plus petites d'entre elles finissent par s'éteindre tout doucement alors que les plus massives terminent leur vie dans une explosion spectaculaire.

SOLEIL
Une étoile parmi tant d'autres

Le Soleil est une étoile, comme les milliers d'autres points lumineux que nous voyons scintiller dans le ciel nocturne. S'il paraît gigantesque, c'est que contrairement aux autres étoiles, il est situé très près de nous. Notre Soleil est en fait une étoile jaunâtre de taille moyenne, tout à fait ordinaire. S'il nous semble unique, c'est parce qu'il est notre étoile, celle qui nous éclaire et nous réchauffe. Sans sa précieuse énergie, notre planète serait une boule froide, sombre et sans vie. Comme toutes les étoiles, le Soleil finira un jour par s'éteindre. Il n'y a pourtant pas lieu de s'inquiéter… Il n'est rendu qu'à la moitié de sa vie et devrait continuer d'éclairer et de réchauffer la Terre pendant encore cinq milliards d'années !

Poids lourd
Le Soleil est de loin le corps le plus imposant du Système solaire. S'il était vide, il pourrait contenir plus d'un million de planètes de la taille de la Terre. À elle seule, notre étoile contient 99,8 % de la masse totale du Système solaire ! Même Jupiter, la plus grosse des neuf planètes, paraît minuscule à ses côtés !

La fournaise solaire
Comme les autres étoiles, le Soleil est une énorme boule de gaz brûlants. Ces gaz sont principalement de l'hydrogène et de l'hélium. Au cœur du Soleil, où la température est la plus élevée, des réactions nucléaires se produisent constamment. Les atomes d'hydrogène subissent une pression et une température si élevées qu'ils se collent les uns aux autres et se transforment en hélium. Chaque seconde, plus de 600 millions de tonnes d'hydrogène sont ainsi converties en hélium. Ce phénomène, appelé fusion nucléaire, produit énormément d'énergie. Cette énergie met environ un million d'années à se déplacer jusqu'à la surface du Soleil, où elle est dégagée sous forme de chaleur et de lumière.

STRUCTURE DU SOLEIL

Si les astronomes n'ont jamais pu observer l'intérieur du Soleil, ils ont malgré tout réussi à déterminer sa structure en étudiant sa surface et les gaz qui l'entourent. Ainsi, notre étoile est constituée des couches suivantes :

La zone de convection
La zone de convection transporte l'énergie juste au-dessous de la surface du Soleil.

La chromosphère
La chromosphère est une fine couche de gaz située au-dessus de la photosphère. Elle forme, avec la couronne, l'atmosphère solaire.

La couronne
La couronne est une couche de gaz située au-dessus de la chromosphère. C'est la couche solaire la plus externe. Elle s'étend sur des millions de kilomètres autour du Soleil. Avec la chromosphère, la couronne est visible uniquement durant une éclipse solaire, lorsque la surface du Soleil est complètement cachée derrière la Lune.

La zone radiative
L'énergie quitte le noyau et remonte lentement dans la zone radiative. Il lui faudra environ un million d'années pour atteindre la surface du Soleil.

Le noyau
L'énergie solaire est produite au cœur du Soleil, là où la température atteint 15 000 000 °C. C'est dans le noyau qu'a lieu la fusion nucléaire qui libère une somme phénoménale d'énergie.

La photosphère
La photosphère est la surface visible du Soleil, celle qui émet la lumière. La lumière solaire met ensuite 8 minutes à atteindre la Terre.

SOLEIL
Les phénomènes solaires

La surface du Soleil est loin d'être une mer tranquille. De gigantesques jets de gaz chauds, appelés protubérances, s'y forment régulièrement. Les protubérances peuvent atteindre des milliers de kilomètres de hauteur. En s'élevant dans l'espace, elles refroidissent et apparaissent alors sous la forme de zones plus sombres appelées taches solaires. De plus, un flot de particules très excitées s'échappe en permanence du Soleil à une vitesse d'environ 500 kilomètres par seconde. C'est le vent solaire. Tous les 11 ans, notre étoile passe par une période d'activité solaire intense durant laquelle le vent solaire s'intensifie et le nombre de protubérances et de taches augmente. Puis, l'activité solaire diminue et notre étoile redevient plus calme. L'activité solaire est responsable de nombreux phénomènes, dont les magnifiques aurores colorées qui embrasent le ciel nocturne des régions polaires.

Tempête solaire

L'activité solaire est parfois si intense que le vent solaire se transforme en véritable tempête ! Les répercussions se font alors sentir sur l'ensemble de notre planète. Le 13 mars 1989, une tempête solaire gigantesque a provoqué des pannes électriques majeures et de nombreuses perturbations dans les communications radiophoniques à l'échelle de la planète. De magnifiques aurores boréales, habituellement limitées aux régions nordiques, ont pu être admirées du Canada jusqu'au Mexique !

Des rideaux de lumière

En filant dans l'espace, les particules du vent solaire bombardent tout sur leur passage. Sur la Lune, par exemple, elles ont réduit les rochers en fine poussière. Heureusement, la Terre est bien protégée par son atmosphère. En plus d'être enveloppée d'une couche de gaz, notre planète est entourée d'un énorme champ magnétique qui agit comme un bouclier. Malgré tout, certaines particules du vent solaire arrivent à se faufiler au-dessus des pôles Nord et Sud qui les attirent, tels deux aimants. En pénétrant dans l'atmosphère terrestre, ces particules provoquent de superbes phénomènes lumineux et colorés. Ce sont les aurores polaires, appelées aurores boréales dans l'hémisphère Nord et aurores australes dans l'hémisphère Sud.

LA NUIT EN PLEIN JOUR

Une éclipse de Soleil survient lorsque, vue de la Terre, la Lune passe devant notre étoile. Lorsque la Lune est placée exactement entre la Terre et le Soleil et le masque entièrement, son ombre plonge une partie de la planète dans l'obscurité complète. C'est alors la nuit en plein jour ! Les éclipses solaires totales sont des phénomènes assez rares ; on en observe seulement quelques-unes par siècle à un endroit donné.

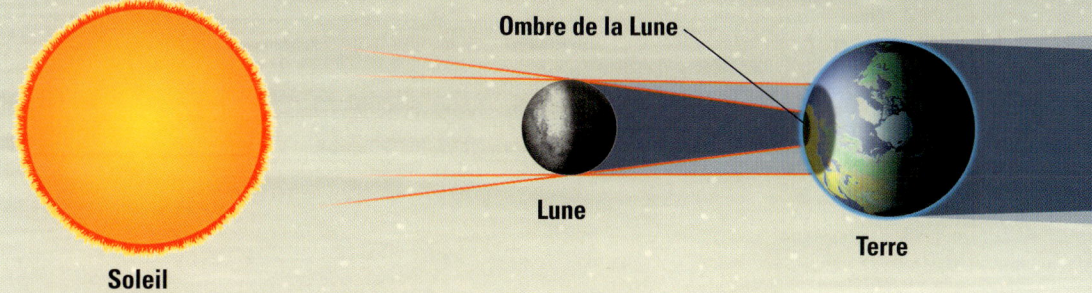

ÉTOILES

Le fabuleux destin des étoiles

Il existe probablement autant d'étoiles dans l'Univers que de grains de sable sur toutes les plages du monde. Dans notre galaxie, la Voie lactée, elles sont plus de 100 milliards. Parmi ces étoiles, 6 000 peuvent être vues de la Terre à l'œil nu, 3 000 dans l'hémisphère Nord et 3 000 dans l'hémisphère Sud. Les étoiles sont de gigantesques boules de gaz brûlants. Tout comme notre Soleil, elles transforment les gaz qui les composent et produisent ainsi énormément d'énergie. Cette énergie s'échappe, entre autres, sous forme de lumière. C'est ce qui fait briller les étoiles. Un peu comme les humains, les étoiles naissent, vieillissent et meurent. Mais contrairement à nous, leur espérance de vie atteint des milliards d'années !

1. La nébuleuse
À l'intérieur de la nébuleuse, les gaz et les poussières se contractent sur eux-mêmes. Le centre de la nébuleuse devient alors très chaud.

2. La jeune étoile
Lorsque la température au cœur de la nébuleuse est suffisamment élevée, les gaz entament leur transformation. L'hydrogène est converti en hélium et la jeune étoile commence à briller.

3. L'étoile adulte
L'étoile passe presque toute son existence à briller en continuant de transformer tranquillement son hydrogène en hélium.

Vie et mort des étoiles
Les étoiles naissent dans les nébuleuses, d'immenses nuages cosmiques composés de gaz et de poussières. Les scientifiques surnomment les nébuleuses « pouponnières d'étoiles ». Les principales étapes de l'évolution d'une étoile moyenne, comme notre Soleil, sont illustrées ici.

7. La naine noire
L'étoile éteinte est un astre mort appelé naine noire. Celle-ci est trop froide pour briller.

6. La naine blanche
Le noyau de la vieille étoile se contracte et rapetisse. L'étoile devient alors une naine blanche qui s'éteint doucement.

Poussières d'étoiles

En explosant en supernova, l'étoile massive rejette dans l'espace toute la matière dont elle était constituée. Cette matière se retrouve incorporée aux gaz et aux poussières qui forment une nébuleuse, comme celle qui a donné naissance à notre Soleil. Ainsi, les plantes, les animaux, les montagnes, les objets et même l'air que nous respirons sont composés d'éléments minuscules provenant d'étoiles disparues…

5. La nébuleuse planétaire
Avec le temps, les couches externes de la géante rouge se détachent et se dispersent dans l'espace. Elles forment alors une nébuleuse planétaire.

4. La géante rouge
Au bout de milliards d'années, lorsque l'étoile a épuisé l'hydrogène de son cœur, elle enfle et devient de 50 à 100 fois plus grande. C'est une géante rouge.

Supernova et trou noir
Contrairement aux étoiles moyennes, comme le Soleil, qui s'éteignent doucement, les étoiles massives connaissent une fin spectaculaire. Elles terminent leur vie dans une explosion gigantesque appelée supernova. Après une supernova, une étoile massive peut s'écraser sur elle-même pour former un trou noir, une région de l'espace extrêmement dense et invisible. Un trou noir exerce une force d'attraction spectaculaire. Tel un gigantesque aspirateur cosmique, il engloutit à jamais tout corps céleste qui le frôle. Rien ne lui échappe : ni les gaz, ni les poussières ni même la lumière !

ÉTOILES
Des étoiles de toutes sortes

Au premier coup d'œil, toutes les étoiles se ressemblent. Pourtant, elles diffèrent autant par leur brillance que par leur taille ou leur couleur. Si nous pouvions voyager dans l'espace et nous approcher des étoiles, nous constaterions qu'il en existe des jaunes, comme notre Soleil, ainsi que des rouges, des bleues, des blanches et des orange. On verrait également qu'il y en a de différentes grosseurs et que certaines sont très brillantes alors que d'autres ont moins d'éclat. Si nous avons de la difficulté à différencier les étoiles qui scintillent dans le ciel de la Terre, c'est qu'elles sont situées à des distances inimaginables. Elles sont si éloignées que même avec des télescopes puissants, les astronomes sont incapables d'observer leur surface.
En revanche, ils peuvent déduire leur position, leur composition chimique, leur température et même la vitesse de leur déplacement à partir de la lumière qu'elles émettent.

L'année-lumière

Même les étoiles les plus proches sont situées à plusieurs milliers de milliards de kilomètres de la Terre. Pour calculer ces distances inouïes, les astronomes ont créé une unité spéciale : l'année-lumière. L'année-lumière correspond à la distance parcourue par la lumière en une année. En voyageant à la vitesse de 300 000 km/s, la lumière réussit ainsi à franchir une distance de près de 10 000 milliards de kilomètres. Une étoile située à 1 année-lumière de la Terre se trouve donc à environ 10 000 milliards de kilomètres de nous.

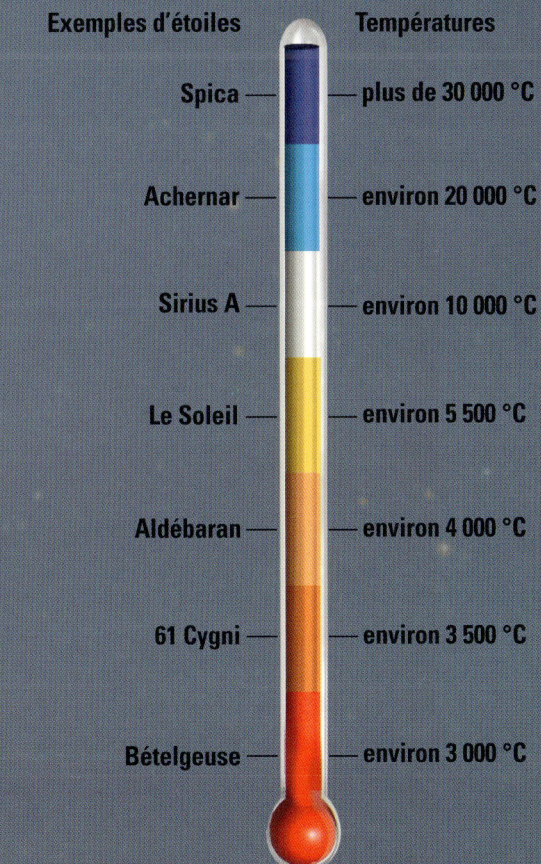

LA COULEUR DES ÉTOILES

Il existe plusieurs façons de classifier les étoiles. L'une d'elles regroupe les étoiles en sept catégories selon leur couleur et leur température. Les étoiles bleues sont les plus chaudes et les étoiles rouges, les plus froides.

Exemples d'étoiles	Catégories	Températures
Spica		plus de 30 000 °C
Achernar		environ 20 000 °C
Sirius A		environ 10 000 °C
Le Soleil		environ 5 500 °C
Aldébaran		environ 4 000 °C
61 Cygni		environ 3 500 °C
Bételgeuse		environ 3 000 °C

Voisine stellaire

Après le Soleil, Proxima du Centaure est l'étoile la plus proche de la Terre. Comme elle est située à 4,2 années-lumière (environ 42 000 milliards de km), il nous faudrait plus de 8 millions d'années pour l'atteindre même en voyageant jour et nuit à bord d'un vaisseau spatial filant à 600 km/h. Les voyages vers les étoiles ne sont donc pas pour demain !

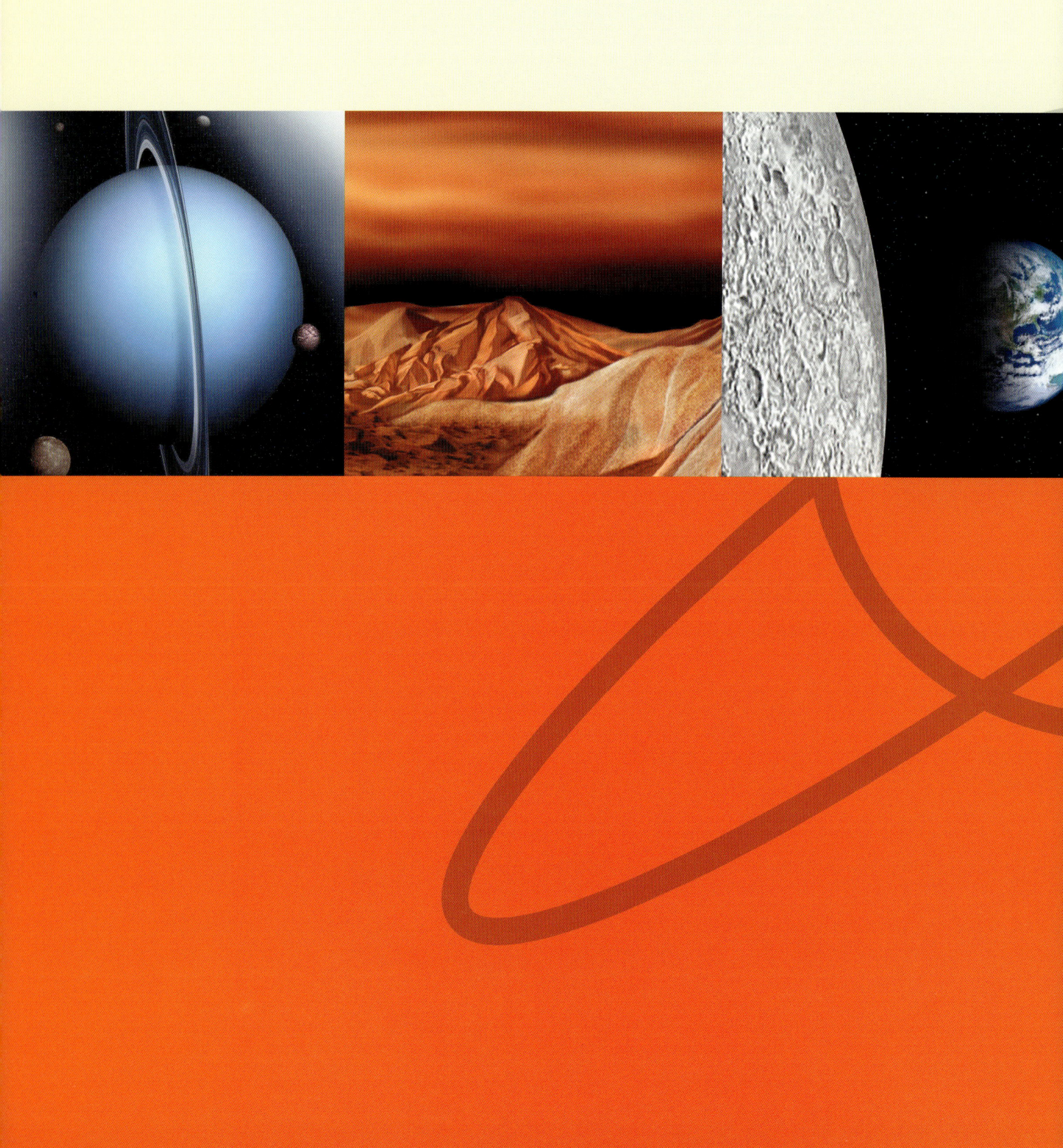

Notre petit coin d'Univers

Le Soleil est entouré d'un cortège de neuf fascinantes planètes. Tous sous l'emprise de sa force d'attraction, ces astres voyagent ensemble dans l'Univers. Après nous avoir fait découvrir les paysages insoupçonnés de plusieurs lunes et planètes, les sondes spatiales poursuivent leur exploration et continuent de nous en apprendre sur les comètes, les astéroïdes et d'autres objets célestes du Système solaire. Même s'ils nous semblent familiers, ces astres encore mystérieux commencent à peine à nous révéler leurs secrets.

SYSTÈME SOLAIRE

Le cortège solaire

Le Système solaire est notre petit coin d'Univers. Il est formé d'une étoile centrale, le Soleil, et de tout ce qui tourne autour : neuf planètes, plus de 125 lunes, des milliers d'astéroïdes, des millions de comètes, des milliards de cailloux, de la poussière cosmique et des gaz. Notre étoile est le plus gros objet du Système solaire. Sa masse imposante lui donne une énorme force d'attraction qui maintient les planètes dans son voisinage et les force à tourner autour d'elle. Le Soleil attire même la petite planète Pluton, pourtant située à plus de 5,9 milliards de kilomètres de lui ! Les neuf planètes voyagent ainsi autour de notre étoile en suivant une trajectoire elliptique, en forme d'ovale aplati. On appelle cette trajectoire l'orbite. Durant leur course autour du Soleil, la plupart des planètes ne se déplacent pas seules. Une ou plusieurs lunes leur tiennent compagnie.

DES PLANÈTES EN MOUVEMENT

Les planètes se déplacent dans l'espace en tournant autour du Soleil. Le temps qu'elles mettent pour effectuer un tour complet est appelé révolution. Une révolution de la planète correspond à son année. En voyageant autour du Soleil, les planètes tournent comme des toupies autour d'un axe, une sorte de tige imaginaire qui les traverse de part en part. Ce mouvement est la rotation. Une rotation complète correspond à la journée de la planète.

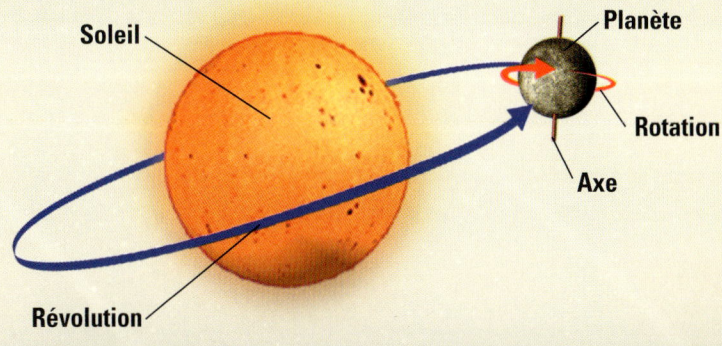

Des planètes parmi les étoiles

De la Terre, on peut voir à l'œil nu cinq planètes : Mercure, Vénus, Mars, Jupiter et Saturne. Elles ressemblent à première vue à toutes les étoiles qui les entourent. Les premiers astronomes avaient cependant remarqué que ces points lumineux changeaient de position, de mois en mois, contrairement aux autres étoiles qui semblaient fixes. Ils les ont donc nommées « planètes », un mot qui signifie en grec « astres errants ».

Les planètes
Les planètes sont classées selon leur composition en deux groupes : les planètes rocheuses et les planètes gazeuses. Comme leur nom l'indique, les planètes rocheuses sont principalement formées de roches. Elles comptent parmi leurs rangs Mercure, Vénus, la Terre et Mars. Contrairement aux petites planètes rocheuses qui présentent toutes une surface solide, les planètes gazeuses sont des boules de gaz géantes. Elles regroupent Jupiter, Saturne, Uranus et Neptune. La petite planète Pluton fait bande à part : elle serait faite de roches et de glace. Les planètes rocheuses sont les plus proches du Soleil. On les qualifie aussi de planètes terrestres. Elles sont séparées des quatre planètes suivantes, dites joviennes, ainsi que de la petite Pluton par la ceinture principale d'astéroïdes.

Voir activité p. 74

MERCURE
La petite voisine du Soleil

La planète Mercure est la plus proche voisine du Soleil. Comme elle est située très près de notre étoile, elle ne met que 88 jours à en faire le tour. C'est en voyant ce petit astre filer à toute allure dans le ciel que les anciens Romains ont eu l'idée de lui donner le nom de leur messager des dieux. Par contre, la petite planète tourne sur elle-même très lentement : une journée sur Mercure équivaut à presque six mois terrestres ! Après Pluton, Mercure est la deuxième plus petite planète du Système solaire. Elle est de taille très semblable à la Lune, avec qui elle partage d'autres similarités. Comme notre satellite naturel, Mercure est dépourvue d'atmosphère et possède un sol poussiéreux criblé de milliers de cratères. Le plus grand de ses cratères, le bassin Caloris, mesure plus de 1 300 kilomètres de diamètre, soit la moitié de la largeur des États-Unis !

Des photos de Mercure
À ce jour, Mariner 10 est la seule sonde spatiale à avoir visité Mercure. En mars 1974, l'appareil a survolé la planète à moins de 700 km de sa surface et pris des milliers de clichés d'une de ses faces. Son autre face devrait être photographiée par la sonde Messenger Mercury Orbiter vers 2007–2008.

Observer Mercure
Des cinq planètes visibles depuis la Terre, Mercure est la plus difficile à observer. Même avec de puissants télescopes, la petite Mercure n'est pas visible la nuit. Comme elle se trouve très proche du Soleil, elle disparaît du ciel presque en même temps que notre étoile. On ne peut ainsi l'observer que le soir, peu après le coucher du Soleil, ou à l'aube, alors qu'elle se trouve tout près de l'horizon.

Le plus grand écart de température !

Sans atmosphère, Mercure n'est pas protégée des cuisants rayons solaires. L'absence d'une enveloppe de gaz protectrice l'empêche aussi de maintenir à sa surface une partie de la chaleur du Soleil, à la tombée de la nuit. Résultat : le jour la température grimpe jusqu'à 425 °C et durant la nuit, elle descend jusqu'à −185 °C. C'est l'endroit du Système solaire où l'on retrouve le plus grand écart de température.

VÉNUS
La voisine de la Terre

Après la Lune, Vénus est l'astre le plus brillant du ciel. Les anciens astronomes l'avaient d'ailleurs prise pour une étoile scintillante et l'avaient baptisée « Étoile du matin », « Étoile du soir » ou « Étoile du Berger », selon le moment du jour où elle devenait visible. Cette « étoile » est la première à apparaître au coucher du Soleil et la dernière à disparaître le matin. Vénus est la deuxième planète à partir du Soleil. On a longtemps considéré cette voisine de la Terre comme sa jumelle. De taille semblable à notre planète, Vénus est aussi une planète rocheuse entourée d'une atmosphère nuageuse. Mais la comparaison s'arrête là ! L'environnement de Vénus est très hostile : il y règne une chaleur intense, une pression écrasante, son air est irrespirable et ses nuages contiennent des gouttelettes d'acide. Les premières sondes qui l'ont visitée ont littéralement fondu sur place !

Des photos de Vénus
À ce jour, pas moins d'une vingtaine de sondes spatiales ont approché Vénus. Les premiers engins en orbite autour de notre voisine n'avaient pas réussi à photographier sa surface constamment masquée par d'épais nuages. En 1994, la sonde américaine Magellan a dévoilé le paysage de Vénus en détails. Équipée d'un puissant radar capable de traverser la dense atmosphère de Vénus, la sonde a balayé la surface de la planète de ses ondes. En mesurant le temps pris par les ondes radar pour se réfléchir à la surface de Vénus et revenir à la sonde, les astronomes ont pu recréer le relief de la planète. La carte reconstituée par ordinateur révèle de vastes plaines dominées par deux continents et de gigantesques volcans. Avec ses 8 km de hauteur, le plus grand d'entre eux, le Maat Mons, est presque aussi élevé que l'Everest.

LA PLANÈTE-SERRE

Vénus est entourée de plusieurs couches de nuages qui atteignent près de 90 km d'épaisseur. Cette enveloppe nuageuse agit comme un miroir qui réfléchit la plupart des rayons du Soleil. C'est ce qui rend la planète si brillante. Malgré l'épaisseur des nuages, une partie de la chaleur du Soleil réussit à atteindre la surface de la planète où elle reste emprisonnée. La chaleur fait ainsi grimper la température comme dans une serre. C'est à cause de cet effet de serre que notre voisine est la planète la plus chaude du Système solaire, avec ses 480 °C.

La couche de nuages réfléchit la plupart des rayons du Soleil.

Une partie des rayons solaires traverse les nuages et réchauffe la surface de la planète.

L'enveloppe gazeuse empêche la chaleur de s'échapper dans l'espace.

La journée plus longue que l'année !

Vénus met 225 jours terrestres à compléter sa course autour du Soleil. C'est l'année vénusienne. La planète voyage ainsi dans l'espace tout en tournant sur elle-même. Comme elle prend 243 jours terrestres pour effectuer une rotation complète, sa journée est plus longue que son année !

TERRE
L'exceptionnelle planète bleue

Comme Mercure, Vénus et Mars, la Terre est une planète rocheuse. Elle est cependant plus active que ses voisines ! Avec Io, une des lunes de Jupiter, elle est le seul endroit connu du Système solaire où se trouvent des volcans en activité. La plus grosse planète rocheuse est unique à bien d'autres égards : elle est la seule planète à posséder de l'eau liquide en abondance, à offrir une atmosphère protectrice, riche en oxygène, et à abriter la vie ! La Terre est la seule planète du Système solaire qui n'a pas reçu le nom d'une divinité grecque ou romaine. Son nom nous vient du latin *terra* qui signifie « le globe terrestre, la terre ou le sol ». Mais notre planète aurait très bien pu s'appeler Océan ! En effet, les mers et les océans recouvrent plus des deux tiers de sa surface. La planète bleue accomplit son voyage annuel autour du Soleil en compagnie d'un gros satellite naturel, la Lune.

Fenêtre ouverte sur la Terre
Sur cette vue, prise à partir des fenêtres arrière de la navette spatiale, notre planète apparaît comme une belle bille marbrée flottant dans le noir de l'espace. Le bleu qui domine correspond aux vastes océans, le blanc aux nuages, et le brun et le vert sont les continents.

Une planète en perpétuelle transformation
Quand la Terre est née, il y a 4,6 milliards d'années, elle était une grosse boule de roches fondues. La jeune planète s'est refroidie graduellement et sa croûte s'est durcie. Sous l'impact de météorites, la nouvelle croûte a vite été marquée de nombreux cratères. Au fil du temps, le vent et la pluie ont graduellement effacé la plupart de ces cicatrices. Par ce même processus, appelé érosion, les rivières ont creusé des vallées et les vagues des océans ont façonné les rivages. Encore de nos jours, l'érosion ne cesse d'user les roches et de modifier peu à peu l'aspect de la planète. De plus, des tremblements de terre et des volcans contribuent à modeler les paysages terrestres.

AU CŒUR DE LA TERRE

La Terre est principalement formée de fer, d'oxygène et de silice, un élément que l'on retrouve dans le sable. Mais ces divers matériaux ne sont pas mélangés de façon uniforme à travers l'épaisseur du globe. Les spécialistes ont pu déterminer que la planète était constituée de plusieurs couches principales en étudiant la façon dont les ondes sismiques, ces vibrations qui accompagnent les tremblements de terre, se propagent dans le sol.

Le noyau interne
Tout au centre de la planète se trouve un noyau solide contenant principalement du fer. Ce noyau est presque aussi chaud que la surface du Soleil !

Le noyau externe
Le noyau externe, beaucoup moins chaud que le noyau interne, est surtout formé de deux métaux fondus, le fer et le nickel. Les mouvements de ces métaux liquides produisent un puissant champ magnétique, facile à détecter à l'aide d'une boussole.

Le manteau
Au-delà du noyau se trouve le manteau, composé de roches fondues. Cette couche est agitée de mouvements qui transportent la chaleur interne vers la surface. On distingue parfois le manteau inférieur du manteau supérieur.

L'écorce terrestre
L'écorce terrestre, ou croûte, est la mince couche solide formée de roches et de minéraux qui forme le fond des océans et les continents. L'écorce est constituée d'une douzaine de plaques, appelées plaques tectoniques, qui flottent sur le manteau. Poussées par la chaleur du manteau, comme un couvercle sur une casserole d'eau bouillante, les plaques bougent constamment et entraînent avec elles océans et continents. Les volcans et les tremblements de terre surviennent aux frontières de ces plaques.

Ronde ou arrondie ?

Il y a plus de 2 300 ans, le philosophe grec Aristote a prouvé que la Terre était ronde en démontrant, entre autres, comment l'ombre de la Terre était toujours parfaitement circulaire lors des éclipses de Lune. On sait maintenant que la Terre n'est pas parfaitement ronde. Elle est légèrement aplatie aux pôles, une forme que les scientifiques appellent un géoïde.

TERRE

La Terre en mouvement

Comme un énorme vaisseau spatial ayant à son bord un équipage formé d'humains, d'animaux, de plantes et d'une multitude d'êtres vivants minuscules, la Terre fonce dans l'espace à plus de 100 000 kilomètres à l'heure ! Heureusement, nous ne ressentons pas ce mouvement vertigineux puisque tout sur la planète bouge à la même vitesse ! La Terre effectue une révolution autour du Soleil en 365,25 jours. C'est au cours de ce voyage que les quatre saisons marquant l'année terrestre se succèdent. Comme toutes les planètes du Système solaire, la nôtre tourne aussi sur elle-même. Ce mouvement de rotation lui prend 23 heures et 56 minutes. Il explique l'alternance du jour et de la nuit.

Le jour et la nuit
Chaque jour, nous voyons le Soleil « se lever » à l'est, traverser le ciel puis « se coucher » à l'ouest. Ce mouvement du Soleil dans le ciel n'est qu'apparent car c'est la Terre qui bouge ! Elle effectue un tour complet sur elle-même en une journée, ou 24 heures. À cause de ce mouvement de rotation, toutes ses régions sont éclairées puis plongées dans l'ombre à tour de rôle. Il fait jour sur le côté éclairé par notre étoile, et nuit sur l'autre.

Des journées qui s'allongent !

Les scientifiques ont calculé que la rotation de la Terre était ralentie d'une seconde tous les 50 000 ans. Dans 5 milliards d'années, une journée terrestre comptera donc 48 heures au lieu de 24 !

LE CYCLE DES SAISONS

Le phénomène des saisons est dû à la quantité d'énergie solaire reçue par une région à un certain moment de l'année. Puisque la Terre tourne autour du Soleil en étant légèrement penchée sur le côté, certaines de ses régions reçoivent plus d'énergie sous forme de lumière et de chaleur que d'autres. Les rayons du Soleil frappent directement l'équateur de la Terre, et cette région centrale est la plus chaude. Plus on s'éloigne de l'équateur, plus les rayons frappent la Terre en biais, donc moins directement, et plus la température se rafraîchit. Quand le pôle Nord est incliné vers le Soleil, c'est l'été dans l'hémisphère Nord et l'hiver dans le Sud. Quand le pôle Sud est incliné vers le Soleil, c'est l'inverse.

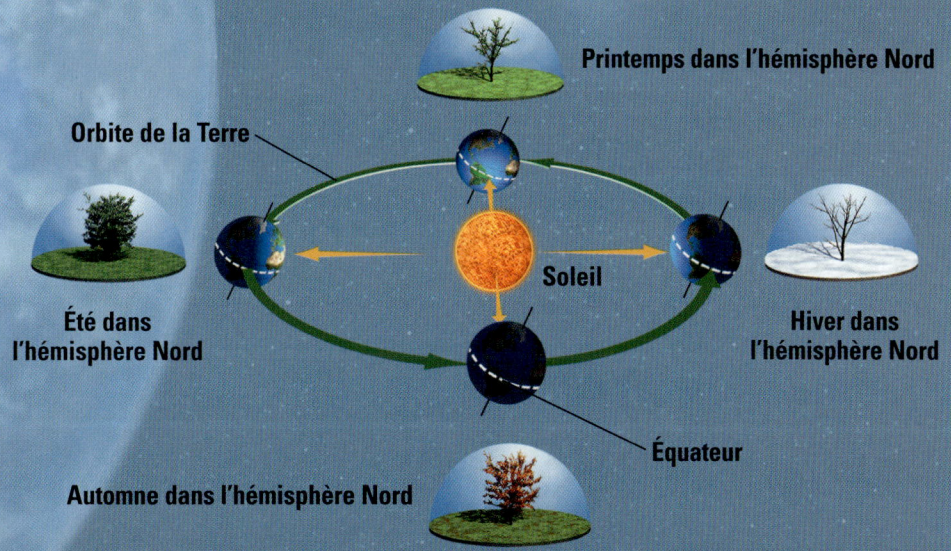

MARS
La fascinante planète rouge

Vue de la Terre, Mars apparaît comme une étoile rougeâtre. C'est probablement à cause de cette coloration qui leur rappelait le sang répandu sur les champs de bataille que les anciens Romains ont donné à cette planète le nom de leur dieu de la guerre. Mars a toujours intrigué les humains. Même si elle est deux fois plus petite que la Terre, elle est la planète qui lui ressemble le plus : elle possède des journées de 24 heures, des calottes de glace aux pôles, une atmosphère et quatre saisons. Mais la planète rouge n'est pas un endroit accueillant pour autant ! Sa surface est souvent balayée par de fortes tempêtes de poussière et en hiver, sa température peut descendre jusqu'à –170 °C. Les conditions actuelles que l'on retrouve sur Mars ne sont pas favorables à la vie, mais de nombreux scientifiques croient qu'elles ont pu l'être dans le passé. Enfin, Mars est accompagnée de deux lunes durant son périple autour du Soleil : Phobos et la petite Deimos.

Un relief vertigineux
Mars présente un relief très diversifié marqué par d'immenses canyons et des volcans gigantesques, aujourd'hui éteints. La planète rouge abrite en fait le plus grand volcan du Système solaire. Avec une altitude de près de 26 km, le mont Olympus est trois fois plus élevé que le mont Everest, la plus haute montagne terrestre. Mars possède aussi le plus grand des canyons. Facilement visible de l'espace, le Valles Marineris est 10 fois plus long que le Grand Canyon en Arizona, aux États-Unis.

Explorer Mars
À part Vénus, aucune planète n'a été plus explorée que Mars. En 1997, Sojourner, le petit véhicule robotisé de la sonde Pathfinder, a analysé la composition du sol martien pendant trois mois. Il a, entre autres, découvert que certaines roches martiennes ressemblaient à certaines roches terrestres formées dans des endroits où se trouvait jadis de l'eau, et qu'il n'y avait pas de vie sur Mars. En 2004, les sondes Spirit et Opportunity ont continué de fouiller le sous-sol martien. Elles ont trouvé des preuves supplémentaires confirmant qu'une grande quantité d'eau liquide s'était déjà trouvée sur cette planète, mais toujours pas de traces de vie. On espère y envoyer des astronautes d'ici 2030.

Une planète rouillée

Mars est une planète rouillée ! L'eau liquide qui existait sur la planète il y a très longtemps a peu à peu transformé le fer de ses roches en rouille. C'est donc la rouille qui donne à la planète rouge sa belle coloration. Aussi, des poussières rouges soulevées du sol lors des fréquentes tempêtes donnent au ciel martien son unique teinte rosée.

JUPITER
La reine des géantes

Jupiter est la première des quatre planètes gazeuses à partir du Soleil. Elle est aussi la plus grosse d'entre elles. La géante est en fait si volumineuse qu'elle pourrait contenir 1 400 fois la Terre ! En plus d'être la plus grosse planète du Système solaire, Jupiter est aussi celle qui est entourée du plus grand nombre de satellites naturels : jusqu'à maintenant, pas moins de 63 lunes ont été repérées autour d'elle. Ainsi entourée de ses satellites, la géante ressemble à un Soleil trônant au centre d'un véritable système solaire ! La cinquième planète est aussi très éloignée. Même si les représentations du Système solaire la montrent souvent tout près de Mars, il n'en est rien. La distance qui sépare Jupiter de sa voisine est plus de deux fois supérieure à celle qui sépare Mars du Soleil. Pioneer 1, la première sonde spatiale à l'avoir visitée, a mis 21 mois pour s'y rendre !

La Grande Tache rouge
L'atmosphère de Jupiter est agitée par plus de 1 000 tourbillons de nuages comparables aux ouragans terrestres. Le plus célèbre et le plus grand de ces ouragans est la Grande Tache rouge, bien visible sur toutes les photos de la belle planète marbrée. Cette gigantesque tempête, qui dure depuis plus de 300 ans, s'étend en moyenne sur 40 000 km de largeur, soit trois fois la taille de la Terre.

Une étoile manquée
Jupiter est une planète composée principalement des mêmes gaz que le Soleil. Les réactions de fusion nucléaire qui font briller les étoiles auraient pu se produire au cœur de Jupiter si la planète avait été environ 80 fois plus massive, c'est-à-dire si elle avait contenu une plus grande quantité de gaz. Il s'en est donc fallu de peu que la reine des planètes géantes devienne une étoile !

Plus de 60 satellites !

Les quatre plus gros satellites naturels de Jupiter ont été découverts par l'astronome italien Galilée en 1610, peu de temps après l'invention de la lunette astronomique. On les a baptisés satellites « galiléens » en l'honneur du célèbre savant. La taille de ces lunes se compare à celle de petites planètes comme Mercure et Pluton. Depuis, on a découvert autour de Jupiter 59 autres lunes, de même que trois anneaux très fins constitués de particules de poussière.

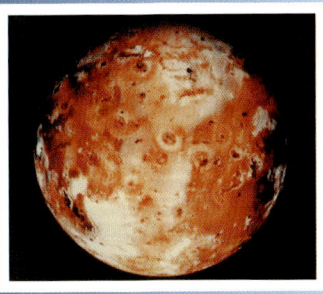

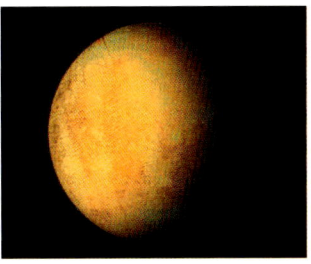

Io
Io est le satellite galiléen situé le plus près de Jupiter. Cette lune se distingue par sa grande activité volcanique, 100 fois plus élevée que celle de la Terre. Sur Io, les volcans crachent des jets de gaz atteignant plus de 250 km de hauteur. Ce gaz est le soufre, une substance jaunâtre qui donne à Io sa coloration très particulière.

Europe
Europe présente une surface couverte d'une fine couche de glace craquelée. Cette glace recouvre peut-être un océan d'eau liquide. Certains astronomes croient qu'une forme de vie très primitive, comme des bactéries, pourrait s'y trouver.

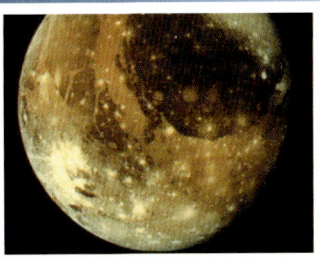

Ganymède
Le plus gros des satellites de Jupiter est aussi le plus gros de tout le Système solaire. La lune Ganymède est même plus grosse que Mercure ! Sa surface est couverte de glace et creusée de cratères.

Callisto
Callisto présente une surface presque entièrement criblée de cratères. Un océan salé se cache peut-être sous sa croûte glacée.

Des nuages agités

La surface gazeuse de Jupiter est continuellement cachée sous plusieurs couches de nuages. La géante tourne sur elle-même à près de 45 000 km/h. Malgré sa taille énorme, elle accomplit ainsi une rotation complète en moins de 10 heures. Ce mouvement de rotation rapide force les nuages à former des bandes horizontales. Dans chaque bande, des vents puissants soufflent dans des directions opposées. La bande nuageuse qui ceinture Jupiter est particulièrement agitée. Ses vents violents peuvent atteindre 650 km/h ! Les couleurs des bandes nuageuses varient selon les gaz qu'elles contiennent.

SATURNE
La magnifique planète

La superbe Saturne doit sa renommée à ses anneaux, les plus beaux et les plus brillants du Système solaire. Sous son magnifique ornement, la deuxième plus grosse planète gazeuse ressemble beaucoup à Jupiter. Tout comme sa géante voisine, Saturne est entourée d'une atmosphère très venteuse et de nuages organisés en bandes horizontales. Dans la bande nuageuse ceinturant la planète, des vents soufflent à plus de 1 600 kilomètres à l'heure, soit trois fois plus vite que sur Jupiter. La superbe planète à anneaux doit sa couleur jaune caramel à une brume d'ammoniac, un gaz qui règne au-dessus de ses nuages. Comme toutes les planètes gazeuses, Saturne effectue son périple autour du Soleil en compagnie de nombreux satellites naturels.

Plus de 30 satellites
Saturne compte à ce jour au moins 31 satellites naturels. Certains d'entre eux ont plusieurs milliers de kilomètres de diamètre, alors que d'autres mesurent à peine 20 km. Titan est le plus gros satellite de la planète. Le deuxième plus gros est Japet.

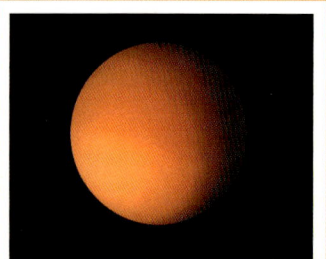

Titan
Titan est le seul satellite naturel du Système solaire qui possède une atmosphère épaisse, semblable à celle de la jeune Terre. Des nuages orange empêchent de distinguer sa surface.

Japet
Japet présente une surface très contrastée ; la partie claire est formée de glace, tandis que la partie sombre est faite de matière inconnue.

Des milliers d'anneaux

Trois des anneaux de Saturne sont visibles de la Terre. Les sondes spatiales qui ont approché la planète en ont découvert quatre autres. Grâce aux sondes américaines Voyager 1 et 2, on sait maintenant que chacun des sept anneaux principaux est en fait constitué de milliers d'anneaux minuscules. Ces annelets sont à leur tour composés de milliards de morceaux de glace et de pierraille de différentes tailles. Certains astronomes croient que ces morceaux sont des restes de satellites éclatés ou de comètes capturées par l'attraction de la planète. Les célèbres anneaux ont une largeur de plus de 300 000 km, soit un peu moins que la distance séparant la Terre de la Lune.

La planète qui flotte

Saturne possède une très faible densité, ce qui signifie qu'elle contient très peu de matière pour sa grande taille. Même si elle contient du fer et de la roche en son centre, la planète est surtout constituée de gaz très légers. Saturne est en fait la moins dense de toutes les planètes ! Elle est si légère qu'elle pourrait flotter sur l'eau. Encore faudrait-il trouver un océan suffisamment grand !

URANUS
La planète couchée sur le côté

Uranus est la seule planète qui se déplace dans l'espace en roulant sur le côté comme une balle au lieu de tourner sur elle-même comme une toupie ! Les astronomes pensent qu'il y a très longtemps, Uranus aurait été renversée sur le côté par un astre. Certains croient même que ses anneaux et ses satellites se seraient formés à partir des débris de cette collision. Nous connaissons en fait bien peu de choses sur cette lointaine planète gazeuse. L'unique visite de la sonde Voyager 2, en 1986, a mesuré au sommet de ses nuages une température glaciale de −210 °C ! Des traces d'un gaz, le méthane, ont aussi été détectées dans son atmosphère. C'est ce gaz qui lui donne sa couleur bleu-vert.

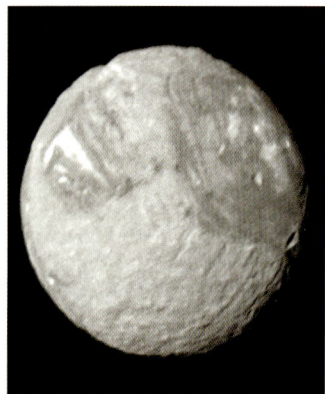

Des satellites glacés
Uranus compte à ce jour au moins 27 satellites naturels. La majorité d'entre eux portent des noms tirés de pièces de théâtre de l'auteur William Shakespeare. Par exemple, les lunes Sycorax et Saliba, découvertes en 1997, ont été baptisées d'après deux personnages de la pièce La Tempête. Tous les satellites d'Uranus sont faits d'un mélange de roches et de glace. La surface particulière de Miranda (à gauche) en fait un des satellites les plus intéressants de la planète. Certains astronomes croient que le satellite aurait peu à peu « recollé » ses morceaux à la suite d'une collision avec une météorite ou un gros astéroïde.

Une septième planète

En 1781, le musicien William Herschel a observé pour la première fois la planète Uranus à l'aide d'un télescope qu'il avait construit lui-même. La découverte de l'astronome amateur est d'autant plus importante que l'on croyait jusque-là que Saturne était la planète la plus lointaine de l'Univers ! Non seulement le Système solaire comptait dorénavant sept planètes au lieu de six, mais il était aussi deux fois plus étendu que ce que l'on avait estimé précédemment.

Des anneaux uniques !

Les 11 anneaux d'Uranus ne sont peut-être pas aussi colorés et lumineux que ceux de Saturne, mais ils sont quand même uniques ! Ces anneaux sont les seuls à être verticaux, puisque la planète est couchée sur le côté. Ils sont aussi les objets les plus sombres du Système solaire. La poussière et les blocs de roches qui les composent sont plus noirs que du charbon !

NEPTUNE

La dernière des géantes gazeuses

Comme Uranus, Neptune est un monde glacé encore méconnu. On en connaît un peu plus sur la dernière planète gazeuse du Système solaire depuis que la sonde américaine Voyager 2 lui a rendu visite, en 1989. En arrivant à sa dernière destination, la sonde a découvert une grosse boule bleue dont les quatre anneaux sombres et étroits, la taille, la composition, l'atmosphère et la couleur rappelaient beaucoup Uranus ! L'atmosphère de la plus petite des planètes gazeuses montre toutefois une plus grande activité que celle de sa voisine. On y distingue en effet des bandes de nuages en mouvement ainsi qu'un immense ouragan, semblable à ceux de la Grande Tache rouge de Jupiter. Cette tache, appelée la Grande Tache sombre, est de la grosseur de la Terre. On y a mesuré des vents pouvant atteindre 2 000 kilomètres à l'heure ! Ce sont les plus puissants du Système solaire.

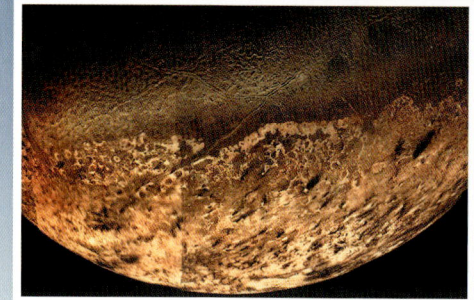

Les satellites de Neptune
Treize lunes connues accompagnent Neptune dans son long voyage autour du Soleil. La plus grosse d'entre elles, Triton, est l'endroit le plus froid du Système solaire avec une température de –235 °C. Sur sa surface glacée et craquelée ressemblant à l'écorce d'un cantaloup, la sonde Voyager 2 a découvert des geysers qui crachaient de la neige d'azote, un gaz glacé, à plus de 8 km de hauteur !

Découverte de Neptune

La planète Neptune a été observée pour la première fois à l'observatoire de Berlin, en 1846, par Johann Galle (à gauche) grâce aux calculs de deux astronomes mathématiciens, l'Anglais John Couch Adams et le Français Urbain Le Verrier. Au début du 19e siècle, les astronomes avaient remarqué qu'Uranus ne se déplaçait pas normalement sur son orbite. Comme plusieurs de leurs confrères, Adams et Le Verrier soupçonnèrent l'existence d'une planète inconnue qui forçait Uranus à dévier de sa trajectoire, en l'attirant vers elle grâce à la force de son attraction. En calculant la position théorique de cet astre perturbateur, ils découvrirent Neptune, chacun de leur côté, sans l'avoir jamais observée.

Parfois la plus éloignée !

Neptune est l'avant-dernière planète du Système solaire… mais pas toujours ! Au cours de son long périple de 248 années terrestres autour du Soleil, Pluton pénètre temporairement à l'intérieur de l'orbite de Neptune qui devient ainsi, pendant 20 ans, la planète la plus éloignée ! La dernière période où Neptune était ainsi plus éloignée du Soleil que Pluton fut de 1979 à 1999.

PLUTON
La petite planète lointaine

La dernière des planètes est aussi la plus petite. Pluton est même plus petite que notre Lune ! Comme elle est très éloignée, la minuscule planète est aussi la plus méconnue. Aucune sonde spatiale ne l'a encore observée. La sonde américaine New Horizons doit lui rendre visite pour la première fois en juillet 2015, au terme d'un voyage de 10 ans. Pluton est tellement éloignée que dans son ciel noir, le Soleil semble à peine plus brillant qu'une simple étoile ! Même le puissant télescope spatial Hubble n'a réussi à distinguer qu'une mince atmosphère ainsi que des régions brillantes sur sa surface gelée. Il s'agit probablement d'une fine croûte de méthane gelé. Même si on n'a jamais pu l'observer de près, il ne fait aucun doute que la très lointaine planète offre un monde sombre et glacial.

Est-ce une vraie planète ?
Dans l'espace au-delà de Pluton se trouve la ceinture de Kuiper, une région remplie de petits objets glacés. Pour certains astronomes, la minuscule planète ne serait que le plus gros objet de cette ceinture. En plus de se démarquer des huit autres planètes par sa petitesse, Pluton se distingue aussi par sa composition : comme Triton, la grosse lune de Neptune, elle serait constituée à 80 % de roches et à 20 % de glace. Certains astronomes pensent d'ailleurs que Pluton serait un ancien satellite de Neptune. Malgré ces remises en question, l'Union astronomique internationale a décidé en 1999 que Pluton méritait son statut de planète à part entière.

La découverte de Pluton

La neuvième planète du Système solaire a été découverte en 1930 par l'Américain Clyde Tombaugh, un jeune astronome de 24 ans. Alors qu'il tentait de découvrir l'astre géant qui perturbait le déplacement de Neptune sur son orbite, Tombaugh a découvert une minuscule planète, qu'on devait baptiser plus tard Pluton. Comme cette planète était beaucoup trop petite pour influencer une grosse planète comme Neptune, l'astronome a poursuivi ses recherches pendant des années, mais sans succès. Depuis, les perturbations observées dans l'orbite de Neptune ont disparu et beaucoup d'astronomes croient que les mesures faites à l'époque étaient peu fiables. La plupart d'entre eux s'entendent donc aujourd'hui pour dire que cette dixième planète n'existe tout simplement pas.

Pluton possède une lune minuscule, appelée Charon. Mais par rapport à la petite taille de la planète, Charon est un immense satellite.

Un nom inspirant

Le chien Pluto, fidèle compagnon de Mickey Mouse, est apparu pour la première fois en 1930 dans un dessin animé. Le cinéaste américain Walt Disney l'a ainsi baptisé d'après la planète Pluton (« Pluto » en anglais) qui avait été découverte en février de cette même année.

LUNE

Notre satellite naturel

La Lune est l'unique satellite naturel de la Terre. Notre fidèle compagne offre un monde désolé sans air, ni bruit, ni signe de vie. À cause de sa petite taille, la Lune possède une force de gravité trop faible pour retenir des gaz et former une atmosphère. Sans cette enveloppe gazeuse, la Lune ne peut retenir la chaleur du Soleil pour se réchauffer la nuit ou se protéger des cuisants rayons solaires le jour. C'est pourquoi ses nuits sont glaciales et ses jours sont plus chauds que de l'eau bouillante. Les paysages de la Lune n'ont pratiquement pas changé depuis des millénaires. Les cratères, ces nombreux trous qui marquent sa surface, sont d'ailleurs les cicatrices des bombardements de météorites qui ont suivi sa naissance. Certains de ces cratères se sont remplis de lave provenant de fissures dans l'écorce lunaire et ont formé de vastes plaines. Autour de ces plaines s'élèvent des collines et des chaînes de montagnes.

D'OÙ VIENT LA LUNE ?

En analysant les échantillons de roches lunaires rapportés par les astronautes, les géologues ont réussi à reconstituer l'histoire de la Lune. Selon l'hypothèse largement acceptée de nos jours, notre satellite aurait été créé à la suite d'une violente collision survenue entre la jeune Terre et un astéroïde de la taille de Mars. L'impact aurait projeté dans l'espace une grande quantité de roches provenant de la Terre et de l'astre détruit. Sous la force d'attraction terrestre, les débris se seraient mis à tourner autour de notre planète et se seraient « recollés » pour former la Lune.

Objectif Lune

Le 21 juillet 1969, un homme posait le pied sur la Lune pour la première fois. Il s'agissait de l'astronaute américain Neil Armstrong, membre de la mission Apollo 11. Après cette nuit mémorable, cinq autres missions ont mis le cap sur notre satellite. En tout, une douzaine d'astronautes ont pris de nombreuses photos, procédé à diverses expériences scientifiques et ramassé près de 400 kg de roches lunaires. Les Américains comptent retourner sur la Lune d'ici 2015. En préparation de cette future mission humaine, ils enverront d'abord des sondes explorer la surface de la Lune. Ils prévoient construire une base lunaire permanente qui servira, entre autres, de tremplin pour envoyer des vaisseaux vers Mars et au-delà. À ce jour, la Lune est le seul corps céleste qui a été visité par des astronautes.

Dans le ciel de la Lune

Dans le ciel de la Lune, la Terre apparaît quatre fois plus grosse que la Lune dans le nôtre ! Elle est aussi 60 fois plus brillante ! L'absence d'une atmosphère lunaire a permis aux astronautes des missions Apollo d'observer notre belle planète bleue marbrée de blanc avec une rare clarté. Ils ont tous mentionné qu'un lever de Terre vu de la Lune était un spectacle émouvant d'une grande beauté !

LUNE
L'astre de la nuit

Il y a très longtemps, les gens adoraient la Lune et la croyaient dotée de pouvoirs magiques. Ils pensaient, entre autres, que la lumière de la pleine lune pouvait transformer certaines personnes en affreux loups-garous ! Malgré tout, on profitait de sa lumière pour voyager durant les soirs de pleine lune. Notre satellite naturel est en effet l'astre le plus brillant du ciel, après le Soleil. Mais la Lune ne produit pas sa propre lumière. Elle brille plutôt en réfléchissant la lumière solaire, comme un miroir. Soir après soir, la Lune change de forme dans le ciel, passant graduellement du fin croissant au cercle plein. Sa face visible est un peu, pas du tout ou complètement éclairée par le Soleil tandis qu'elle tourne autour de la Terre. Ces différentes apparences, ou phases de la Lune, se succèdent au cours d'un cycle de 29,5 jours.

Voir activité p. 74

DANS L'OMBRE DE LA TERRE

L'éclipse de Lune est un phénomène observé depuis la nuit des temps. Toutefois, son principe a été expliqué pour la première fois par le philosophe grec Thalès, il y a environ 2 600 ans. Une éclipse lunaire se produit lorsque la Terre passe entre la Lune et le Soleil. La Lune est alors complètement plongée dans l'ombre de la Terre. Les éclipses de Lune sont plus fréquentes que les éclipses de Soleil. Contrairement à ces dernières, on peut les observer à l'œil nu sans danger.

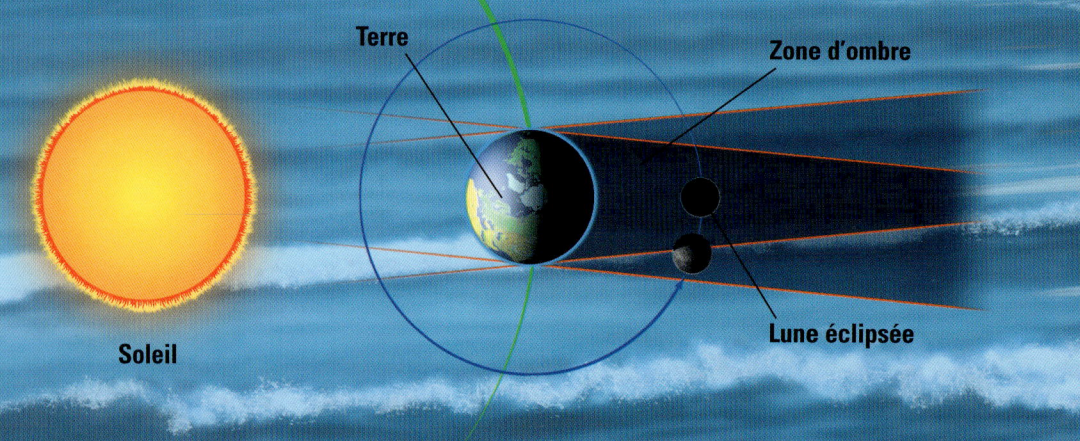

LA FORCE D'ATTRACTION DE LA LUNE

Même si la gravité de la Lune est six fois plus faible que celle de la Terre, elle exerce une attraction suffisamment forte pour déformer les océans terrestres en attirant leur eau vers elle. Ce renflement produit une marée haute. Pendant ce temps, l'eau se retire des plages situées de chaque côté du renflement. C'est la marée basse. Les océans situés du côté opposé à la Lune subissent aussi un gonflement. Les marées se produisent ainsi deux fois par jour, soit lorsque l'océan fait face à la Lune et lorsqu'il lui est opposé. Quand le Soleil et la Lune sont alignés, les marées hautes atteignent leur maximum. Ces marées dites de vive-eau se produisent aux deux semaines, lors de la pleine lune et de la nouvelle lune.

Marée basse — Marée haute — Marée haute — Lune — Marée basse

L'homme dans la Lune

Avec un peu d'imagination, on peut distinguer un visage quand on regarde la pleine lune à l'œil nu. Les taches sombres qui semblent former les yeux, la bouche et le nez de celui qu'on appelle « l'homme dans la Lune » sont de vastes plaines poussiéreuses. Comme les premiers astronomes pensaient qu'il s'agissait de mers, ils les ont baptisées Océan des Tempêtes, Mer de la Sérénité ou Lac des Songes. Le reste du visage est formé de collines et de chaînes de montagnes.

ASTÉROÏDES
Des roches autour du Soleil

Après les planètes et leurs satellites naturels, les plus gros objets du Système solaire sont les astéroïdes. Ils se sont formés à partir du matériel superflu n'ayant pas servi à la fabrication de notre étoile et de ses planètes. Contrairement aux planètes qui mesurent des milliers de kilomètres de diamètre, les astéroïdes ne font que quelques centimètres à quelques centaines de kilomètres de largeur. Ces petits astres constitués de roches, de glace et de métaux voyagent tout de même autour du Soleil de la même façon que leurs grosses voisines. Le tout premier astéroïde a été découvert, en 1801, par l'astronome italien Giuseppe Piazzi qui le baptisa Cérès. Mesurant environ 1 000 kilomètres de diamètre, Cérès fut considéré comme le plus gros astéroïde jusqu'à ce que Quaoar le remplace en octobre 2002. C'est maintenant 2004 DW qui détient la palme du plus gros astéroïde avec son diamètre de 1 600 kilomètres.

LA CEINTURE PRINCIPALE D'ASTÉROÏDES

On retrouve plusieurs millions d'astéroïdes dans le vaste espace séparant Mars de Jupiter. Ils forment ce qu'on appelle la ceinture principale d'astéroïdes.

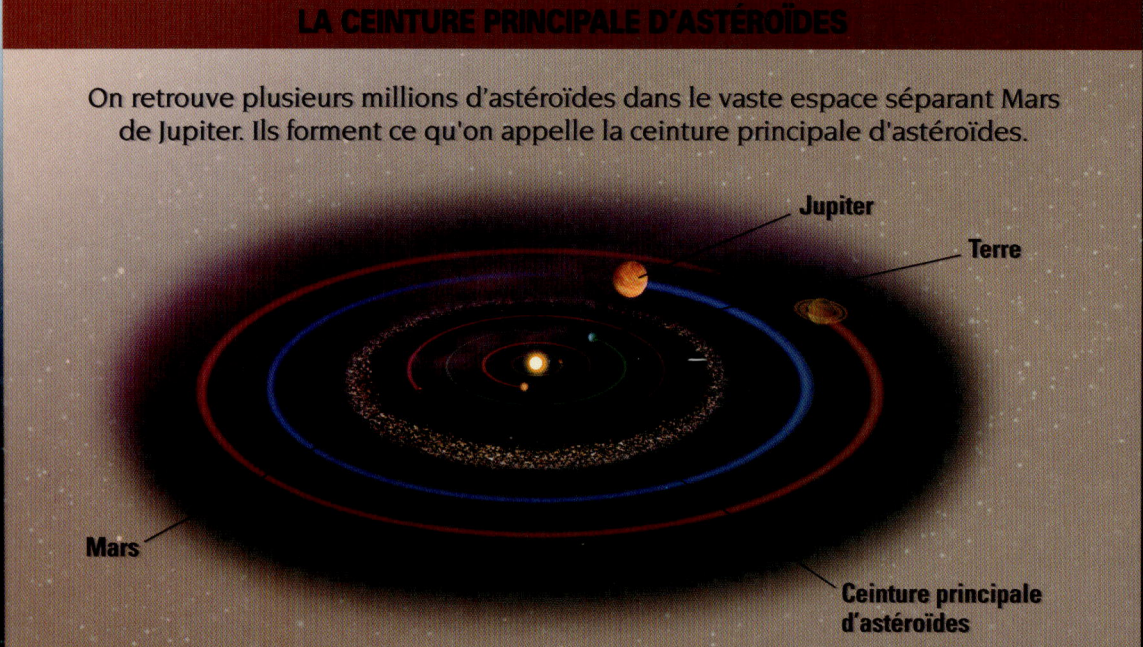

Astéroïdes sous surveillance

En voyageant autour du Soleil, certains astéroïdes se retrouvent régulièrement sur la trajectoire de la Terre. Les scientifiques s'intéressent particulièrement à ces astéroïdes dits géocroiseurs puisqu'il n'est pas impossible qu'un d'entre eux entre un jour en collision avec notre planète. Ils les surveillent de près dans le cadre d'un programme d'observation télescopique appelé SpaceWatch. Advenant le cas où un de ces astéroïdes viendrait à notre rencontre, les scientifiques espèrent le faire dévier de sa trajectoire ou encore le pulvériser. De plus, des sondes spatiales telles que NEAR (Near Earth Asteroid Rendezvous) nous permettent d'étudier de plus près les astéroïdes. Depuis son lancement, en 1996, NEAR nous a aussi fourni de belles images des astéroïdes Mathilde et Éros.

Baptiser les astéroïdes

Parmi les 40 000 astéroïdes officiellement baptisés à ce jour, on retrouve des noms de personnages tirés de la mythologie grecque, d'astronomes, de scientifiques et d'artistes célèbres. Les astéroïdes portent ainsi le nom de grands peintres comme Picasso, de personnages fabuleux comme Merlin l'enchanteur, de contes comme Pinocchio ou de romanciers comme Tolkien, l'auteur de la trilogie du Seigneur des Anneaux. Enfin, des noms de musiciens populaires comme Elvis Presley ont joint les rangs des grands compositeurs de musique classique tels que Bach et Beethoven.

COMÈTES
Des visiteuses spectaculaires

Les peuples anciens craignaient les comètes, ces étranges boules de lumière qui semblaient surgir de nulle part. Ils les percevaient comme des signes de mauvais augure, annonçant tremblements de terre, famines, maladies, mort et destruction. Une comète qui traverse le ciel nocturne est un spectacle effectivement étonnant ! Ce n'est qu'en s'approchant du Soleil que cette boule de neige sale normalement peu visible devient lumineuse. La chaleur de notre étoile transforme alors en vapeur une partie de la glace qui la constitue, libérant ainsi des traînées de gaz et de poussières. Ces longues traînées réfléchissent la lumière du Soleil comme un miroir. C'est ce qui rend les comètes si brillantes. Certaines d'entre elles reviennent nous visiter à intervalles réguliers. On appelle ces visiteuses les comètes périodiques. La comète Hale-Bopp, par exemple, a brillé dans le ciel de la Terre pendant plusieurs semaines au printemps 1997. Elle reviendra dans environ 2 400 ans.

Queue de gaz

Queue de poussière

Coma
La coma se forme autour du petit noyau sous l'effet de la chaleur. Elle ressemble à une épaisse chevelure entourant un petit visage (le mot « comète » provient en fait du grec *kometês* qui signifie « astre chevelu »). La coma serait composée en grande partie de vapeur d'eau et de gaz carbonique.

Noyau
Le noyau est composé de glace, de gaz et de poussière rocheuse. Il est enveloppé par la coma. Chaque fois qu'une comète passe près du Soleil, son noyau perd un peu de la glace, du gaz et de la poussière qui le composent. Après environ 500 voyages autour de notre étoile, la comète n'est plus qu'un bloc de roche semblable à un astéroïde.

Une visiteuse attendue

Certaines comètes viennent nous visiter régulièrement depuis des milliers d'années ! La comète Halley, par exemple, avait été observée par les Chinois pour la première fois en l'an -240. Depuis, elle est revenue fidèlement tous les 75 ans environ.

Origine des comètes

Les astronomes croient que certaines comètes viennent du nuage d'Oort, une vaste région se trouvant à des milliards de kilomètres de l'orbite de Pluton. Ce lointain nuage entourant le Système solaire contiendrait des milliards de blocs de glace sale d'un diamètre moyen de 10 km. D'autres comètes proviennent plutôt de la ceinture de Kuiper, une région située au-delà de l'orbite de Neptune. Cet anneau contiendrait plus de 35 000 objets glacés d'un diamètre supérieur à 100 km. Il arrive qu'un bloc glacé appartenant à un de ces deux réservoirs soit délogé de son essaim et se mette à tourner autour du Soleil. On connaît maintenant la trajectoire d'au moins 900 comètes qui voyagent ainsi autour de notre étoile.

Queues

Même si on ne voit habituellement qu'une longue queue dans le ciel, les comètes en possèdent deux : une queue de gaz et une queue de poussière. Cette double queue scintillante est la partie la plus spectaculaire de la comète ! Sa forme varie beaucoup selon la nature des particules qui la composent et l'activité solaire. La queue ne pointe jamais vers le Soleil puisqu'en soufflant, le vent solaire l'étire vers l'arrière. Elle peut ainsi s'étendre sur des millions de kilomètres !

MÉTÉORES ET MÉTÉORITES

Des roches venues du ciel

Une étoile filante n'est pas une étoile qui file ! Il s'agit d'un météore, phénomène lumineux qui se produit lorsqu'une petite roche entre dans l'atmosphère terrestre. Des milliards de cailloux circulent ainsi dans l'espace. Ce sont de petits éclats d'astéroïdes ou des poussières de comètes. En se frottant contre l'air à plus de 100 000 kilomètres à l'heure, ces cailloux s'échauffent et s'enflamment ! Les plus gros d'entre eux s'écrasent parfois sur la Terre sans se consumer au complet. On les appelle alors des météorites. La plus grosse des 3 000 météorites retrouvées à ce jour est tombée en Namibie, en Afrique, il y a des milliers d'années. Elle mesure 2,5 mètres de long et pèse 55 tonnes, soit autant qu'une dizaine d'éléphants ! Toutes les météorites trouvées sont étudiées et précieusement conservées dans les musées et les universités. Avec les roches lunaires rapportées par les astronautes, elles sont les seuls matériaux extraterrestres dont nous disposons.

La fin des dinosaures

Les dinosaures ont disparu de la Terre il y a 65 millions d'années. Certains scientifiques croient que cette mystérieuse disparition serait due à l'impact d'une météorite tombée près de la péninsule du Yucatan, au Mexique. Cette immense roche venue du ciel se serait enflammée en traversant l'atmosphère et aurait provoqué d'énormes incendies en tombant sur terre. De la fumée et des nuages de cendres se seraient alors répandus sur plus de la moitié du globe. En plongeant de grandes régions dans l'obscurité, la collision aurait privé les plantes de la lumière du Soleil nécessaire à leur croissance. Ainsi privés de nourriture, de nombreux animaux, dont les dinosaures, seraient alors morts de faim.

Le cratère le mieux préservé
Le célèbre Meteor Crater a été créé par l'impact d'une météorite tombée dans le désert de l'Arizona, aux États-Unis, il y a environ 50 000 ans. En étudiant cette cicatrice mesurant 1,2 km de diamètre et 175 m de profondeur, les scientifiques ont déduit qu'une météorite de la taille d'une école et pesant pas moins de 100 000 tonnes était responsable. Le Meteor Crater est le plus récent des cratères terrestres connus, et un des mieux préservés grâce à l'absence de pluie dans la région désertique où la météorite est tombée.

La Terre grossit !

Chaque année, au moins 40 000 tonnes de petites météorites tombent sur la Terre ! Comme ces poussières sont trop légères pour atteindre une grande vitesse, elles ne s'enflamment pas en entrant dans notre atmosphère. La Terre grossit ainsi de plus de 100 tonnes chaque jour grâce à la matière qu'elle « balaie » en voyageant dans l'espace !

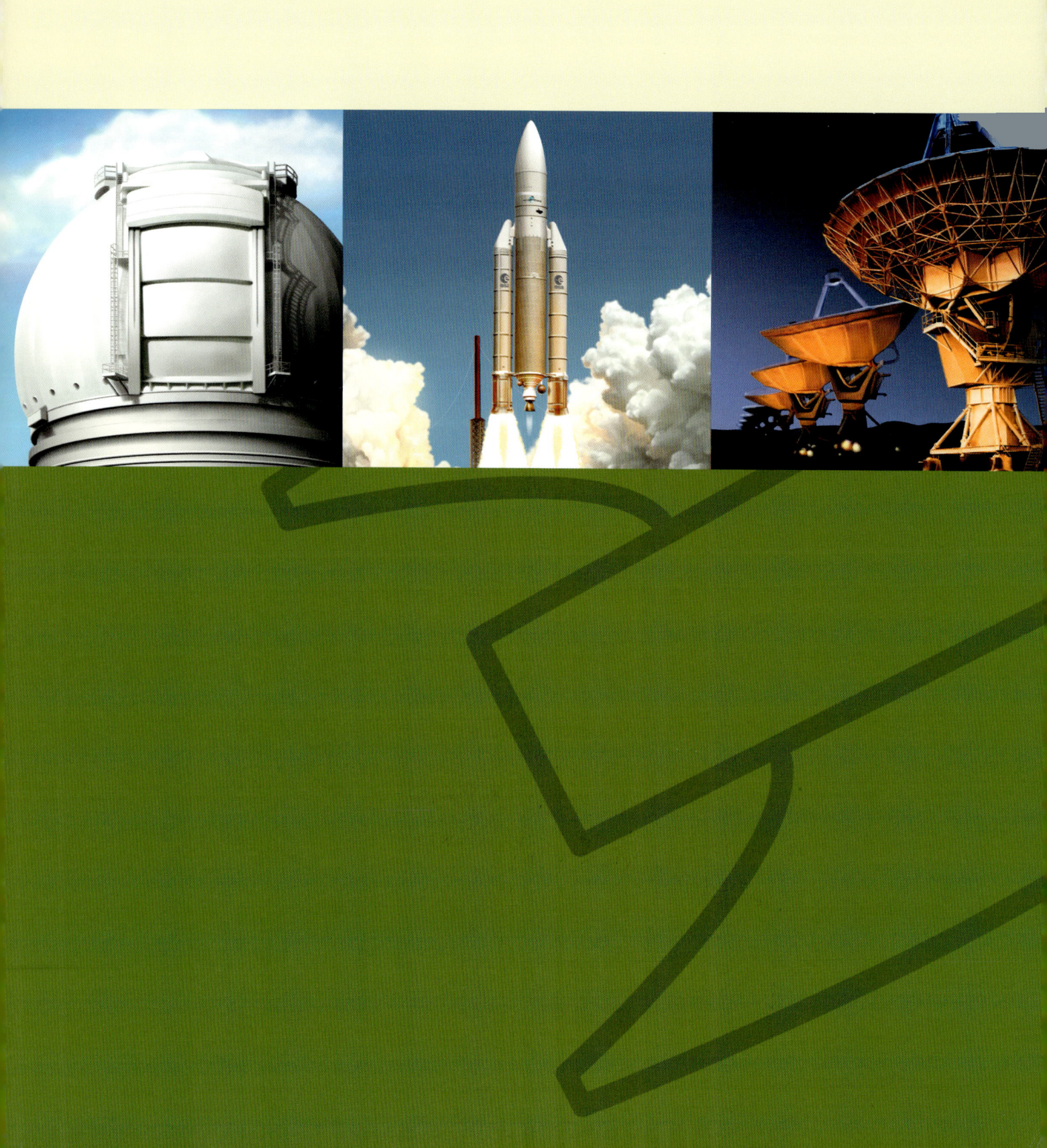

L'exploration spatiale

Pour observer, analyser et comprendre les différents phénomènes se déroulant dans l'Univers, les astronomes se sont dotés d'instruments de plus en plus sophistiqués. Des astronautes à bord de vaisseaux spatiaux ont quitté la Terre pour explorer la Lune ou travailler dans l'espace. Les humains ont envoyé des sondes spatiales visiter des planètes trop éloignées ou trop hostiles où ils ne pouvaient eux-mêmes aller. L'exploration de l'Univers est une longue aventure pleine de rebondissements.

OBSERVER L'UNIVERS
Voir de plus en plus loin

Pendant plus de 5 000 ans, les astronomes ont observé le ciel à l'œil nu. Ils ont réussi à identifier cinq planètes, des dizaines de constellations et des milliers d'étoiles. Avec l'invention du télescope, à la fin du 16e siècle, de nouvelles images agrandies du ciel ont permis à l'astronomie de franchir un pas de géant. De nos jours, des télescopes de plus en plus puissants nous permettent d'observer des objets célestes de plus en plus éloignés. En plus d'émettre de la lumière visible, les astres produisent aussi des rayonnements tels que les rayons X ou les ondes radio. Une nouvelle génération de télescopes sert à capter ces rayons invisibles. Les radiotélescopes, par exemple, captent au sol les ondes radio émises par des étoiles ou des galaxies lointaines grâce à de gigantesques antennes. D'autres engins, comme les satellites-observatoires, sont placés à plus de 500 kilomètres au-dessus de la Terre, afin de détecter certains rayonnements stoppés par l'atmosphère. Les observateurs, restés au sol, regardent sur leurs écrans les images captées. Les astronomes d'aujourd'hui passent plus de temps à étudier les images enregistrées dans leur ordinateur qu'à contempler le ciel…

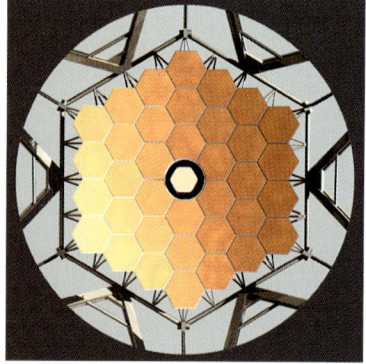

Les plus grands de tous !
Les télescopes les plus puissants sont regroupés dans des observatoires généralement situés au sommet d'une montagne, là où la visibilité est la meilleure. Sur le mont Mauna Kea, à Hawaii se trouvent ainsi plusieurs télescopes internationaux, dont les deux télescopes Keck. Situés à 4,1 km d'altitude, ces deux télescopes jumeaux sont les plus grands et les plus puissants du monde. Leur miroir principal mesure 10 m de diamètre, soit l'équivalent d'une dizaine de bicyclettes mises bout à bout ! Les deux miroirs géants ne sont pas d'une seule pièce mais sont composés de 36 morceaux distincts chacun. Les deux télescopes jumeaux peuvent travailler ensemble et séparément.

FONCTIONNEMENT DU TÉLESCOPE

Les télescopes sont capables de produire des images agrandies d'astres éloignés grâce à deux miroirs. Le premier est le miroir primaire, situé tout au fond du tube. Il capte la lumière émise par les astres, la concentre comme un entonnoir et la renvoie vers le deuxième miroir. Cet autre miroir, dit secondaire, dirige ensuite les rayons lumineux vers l'oculaire par lequel l'astronome observe le ciel. Plus le miroir principal est grand, plus le télescope est puissant et permet d'observer des objets lointains. Certains miroirs peuvent atteindre plusieurs mètres de diamètre alors que d'autres sont composés de plusieurs miroirs placés côte à côte. Un ordinateur vérifie que tous les miroirs pointent dans la même direction, se comportant ainsi comme un seul et immense miroir.

Des images floues !

En 1990, le télescope spatial Hubble est placé en orbite autour de la Terre. Le puissant instrument devait produire des images de l'espace plus claires que celles obtenues par les télescopes terrestres. Mais peu après son lancement, Hubble s'est mis à renvoyer des photos floues : son miroir principal était défectueux ! Depuis qu'un équipage de la navette Endeavor est allé lui poser des verres correcteurs, en 1993, le télescope spatial nous renvoie les images les plus impressionnantes jamais réalisées à ce jour !

EXPLORER L'UNIVERS
À la conquête de l'espace

En 1961, le cosmonaute soviétique Iouri Gagarine fut le premier homme à s'aventurer dans l'espace. Huit ans plus tard, l'astronaute américain Neil Armstrong posait le pied sur la Lune. Ces deux événements mémorables qui ont marqué le début de la conquête spatiale ont pu avoir lieu grâce à l'invention de la fusée. En plus d'envoyer des hommes dans l'espace, certaines fusées ont permis d'envoyer des sondes spatiales pour de longs voyages interplanétaires et de placer des satellites autour de la Terre. Les sondes spatiales sont un peu comme des robots téléguidés qu'on envoie pour visiter des astres trop éloignés ou inhospitaliers pour les humains. Les satellites artificiels, quant à eux, sont placés en orbite autour de la Terre. Certains servent aux télécommunications et transmettent, par exemple, des émissions de télévision aux quatre coins de la planète, alors que d'autres étudient le Soleil ou permettent aux météorologistes de prévoir l'arrivée des tornades.

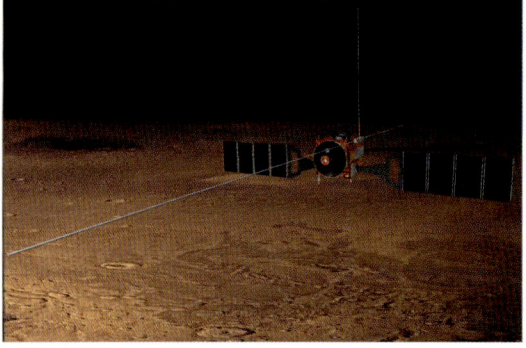

Des robots explorateurs
Des sondes spatiales explorent le Système solaire depuis 1959. Elles ont visité toutes les planètes, à l'exception de Pluton. Certaines de ces sondes voyagent d'une planète à l'autre, alors que d'autres se mettent en orbite autour d'une planète en particulier ou s'y posent. Ces explorateurs des temps modernes prennent des photographies, prélèvent des échantillons et effectuent toutes sortes de mesures. Les données recueillies parviennent ensuite aux scientifiques restés sur Terre sous forme d'ondes radio. Une fois leur mission terminée, les sondes inhabitées ne retournent habituellement pas sur Terre. Elles quittent parfois le Système solaire et poursuivent leur route en direction des étoiles ou elles s'écrasent sur le Soleil.

Une pleine piscine !

Au moment du décollage, une fusée consomme plus de 2 250 000 l de carburant en trois secondes seulement. Cette quantité de carburant pourrait remplir une piscine olympique !

DES FUSÉES DANS L'ESPACE

Pour s'arracher à l'attraction terrestre, il faut atteindre une vitesse de 11 km/s, ou 40 000 km/h. La fusée est un des rares véhicules capables de réussir cet exploit. En brûlant du carburant en un temps record, ses moteurs produisent une immense quantité de gaz chauds. Ces gaz s'engouffrent dans les tuyères et propulsent la fusée vers le ciel, dans la direction opposée. Le carburant de la fusée a besoin d'oxygène pour brûler. Comme il n'y a pas d'oxygène dans l'espace, la fusée doit emporter sa propre réserve. La plupart des fusées sont construites en sections détachables, chacune possédant un réservoir de carburant et un d'oxygène. Chaque étage peut ainsi se détacher au fur et à mesure que ses réservoirs sont vidés. La fusée, ainsi allégée, peut se déplacer à toute vitesse.

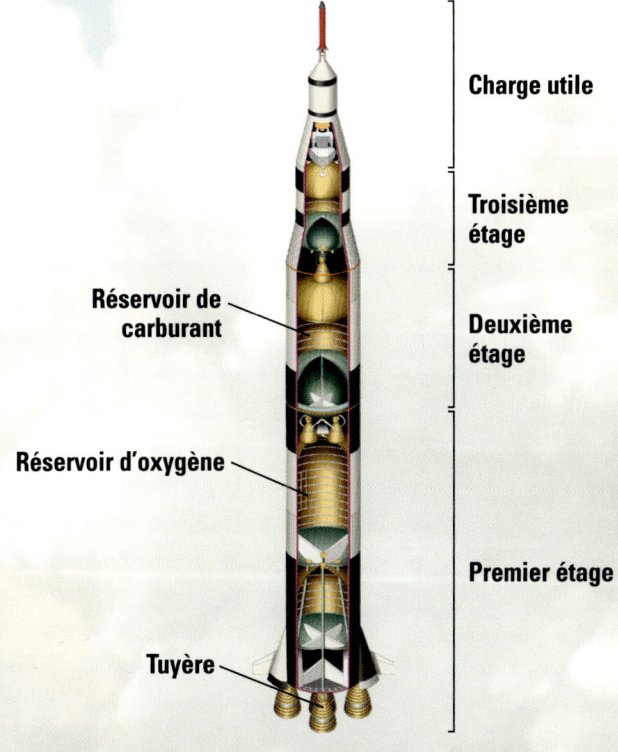

- Charge utile
- Troisième étage
- Réservoir de carburant
- Deuxième étage
- Réservoir d'oxygène
- Premier étage
- Tuyère

Voir activité p. 75

EXPLORER L'UNIVERS

Des humains dans l'espace

Depuis la première excursion spatiale d'un humain, en 1961, les missions habitées se sont multipliées et plus de 400 hommes et femmes sont allés dans l'espace. Les astronautes voyagent de plus en plus à bord de la navette spatiale. Contrairement aux fusées qui ne servent qu'une fois, la navette effectue des allers-retours entre la Terre et un satellite défectueux ou une station spatiale, par exemple. Une station spatiale est un laboratoire placé en orbite autour de la Terre dans lequel les astronautes peuvent vivre et travailler pendant plusieurs mois. Actuellement, une quinzaine de pays collaborent à la future station internationale, un laboratoire ultra-sophistiqué. Son ouverture, prévue pour 2006, a été repoussée à la suite de l'explosion de la navette Columbia en février 2003. Columbia était une des navettes chargées de transporter le matériel nécessaire à son assemblage. Les prochains vols spatiaux auront pour but d'assembler cette station spatiale internationale. Les États-Unis projettent aussi de retourner sur la Lune vers 2015 pour y installer une base permanente d'où ils pourront un jour s'envoler vers Mars et au-delà…

La vie d'astronaute

Les conditions qui règnent à bord d'un vaisseau spatial ne sont pas les mêmes que dans un avion. N'étant plus soumis à la force d'attraction de la Terre, les astronautes et les objets autour d'eux n'ont plus de poids et flottent ! Cette absence de pesanteur, ou apesanteur, oblige les astronautes à s'attacher avec des courroies. En plus de modifier leur façon de manger, de dormir ou d'aller à la toilette, l'apesanteur modifie leur circulation sanguine et affaiblit leurs muscles. Ils doivent prendre le temps de bien manger et de faire de l'exercice pour rester en pleine forme. Lorsqu'ils quittent le vaisseau pour effectuer une réparation, par exemple, les astronautes revêtent un scaphandre spatial. En plus de leur fournir de l'oxygène pour respirer, cette combinaison les protège du froid et des rayons nocifs du Soleil.

Grandir dans l'espace !

À cause de l'apesanteur qui règne dans le vaisseau spatial, les vertèbres s'écartent, faisant s'allonger le dos. Les astronautes grandissent ainsi de 2 à 5 cm au cours de leur mission ! Ils retrouvent leur taille normale dès qu'ils retournent sur Terre.

LA NAVETTE SPATIALE

Dans les années 1960 et 1970, les astronautes américains revenaient sur Terre dans des capsules qui tombaient dans l'océan. Depuis l'arrivée de la première navette, en 1981, les astronautes n'ont plus besoin d'être repêchés en pleine mer. En effet, grâce à la navette qui atterrit comme un avion, leur retour se fait en douceur. Au moment du lancement, sa partie principale, l'orbiteur, est montée sur un immense réservoir contenant le carburant qui alimente ses moteurs. Derrière le compartiment où s'installe l'équipage de cinq à sept astronautes, se trouve une soute qui peut contenir, selon la mission, un satellite ou encore une sonde spatiale.

1. Décollage
Au moment du décollage, deux fusées à poudre fournissent l'essentiel de la poussée. Ces propulseurs aident la navette à décoller.

2. Les propulseurs se détachent
Deux minutes après le décollage, les propulseurs, vidés de leur carburant, sont parachutés dans l'océan où ils seront repêchés. Une fois remis en état, ils serviront pour une autre mission.

3. Le réservoir se détache
Après huit minutes de vol, l'immense réservoir extérieur vidé de son carburant est éjecté. Il retombe alors dans l'atmosphère où il s'enflamme. Ses cendres se dispersent ensuite dans l'océan.

4. En orbite
Dix minutes après le décollage, la navette est en orbite. Elle se déplace ainsi autour de la Terre à la vitesse de 28 000 km/h pendant une à deux semaines, selon la mission.

5. Rentrée dans l'atmosphère
Pour revenir sur notre planète, le pilote doit ralentir la navette. À ce moment-là, l'attraction de la Terre lui fait quitter son orbite. Elle plonge alors dans l'atmosphère à très grande vitesse et s'échauffe. La surface de la navette est protégée de la chaleur intense par plus de 30 000 tuiles de céramique.

6. Atterrissage
Les moteurs coupés, la navette plane avant de se poser en douceur sur une piste d'atterrissage comme un avion.

VIE EXTRATERRESTRE

Sommes-nous seuls ?

La Terre est apparemment la seule planète connue qui abrite la vie. Puisqu'il existe probablement des milliards de systèmes solaires semblables au nôtre, il est raisonnable de penser qu'il puisse se trouver quelque part dans l'Univers une autre planète qui présente aussi des conditions favorables à la vie. Depuis le début des années 1960, de nombreux chercheurs tentent de découvrir des civilisations extraterrestres. En pointant de gigantesques radiotélescopes en direction d'étoiles lointaines, ils souhaitent capter des signaux radio émis par des êtres intelligents. Depuis quelques années, une nouvelle science — l'astrobiologie — tente de déterminer les conditions nécessaires à la vie. Depuis que des organismes microscopiques ont été découverts dans des milieux hostiles comme les vallées sèches et glacées de l'Antarctique, les chercheurs sont convaincus que la vie peut se développer dans des conditions extrêmement difficiles, ailleurs dans l'Univers. Seul l'avenir nous dira si la vie est un phénomène rare qui existe uniquement sur la planète Terre.

Messages interstellaires

Les astronomes envoient régulièrement des messages dans l'espace à l'intention d'éventuels extraterrestres. Ces messages sont acheminés sous forme d'ondes radio, ou gravés sur des disques et plaquettes placés à bord de sondes spatiales. Par exemple, les sondes Pioneer qui poursuivent actuellement leur route vers les étoiles transportent une plaquette représentant un homme et une femme, ainsi que notre position dans le Système solaire. Les sondes Voyager contiennent plutôt un disque de sons et d'images représentatives de la Terre, dont des chants d'oiseaux et des salutations exprimées en 55 langues ! Compte tenu de la vitesse de croisière de ces ambassadeurs, les différents messages devraient arriver à destination dans quelques centaines de milliers d'années !

J'ai vu un OVMI !

Même si plusieurs personnes sont convaincues d'avoir vu une soucoupe volante, aucun vaisseau spatial piloté par des extraterrestres n'a été officiellement observé à ce jour. La grande majorité des points lumineux ou objets aux formes étranges observés sont en fait de simples planètes, des satellites artificiels, des comètes ou des étoiles filantes. Les OVNIS seraient ainsi des OVMIS, c'est-à-dire des Objets Volants Mal Identifiés, et non des Objets Volants Non Identifiés !

Conditions nécessaires à la vie

Notre planète est la seule du Système solaire qui possède les conditions favorables à la vie telle que nous la connaissons. Comme elle n'est ni trop proche, ni trop éloignée du Soleil, il règne à sa surface une température moyenne de 14 °C. Malgré la position idéale de la Terre, cette température ne serait pas possible sans la présence d'une atmosphère. En effet, cette enveloppe de gaz retient la chaleur du Soleil et permet à l'eau d'exister sous forme liquide, une condition essentielle à la vie. De plus, ses nuages redistribuent l'eau à la surface de la planète, sous forme de pluie ou de neige. Enfin, l'atmosphère offre un écran protecteur contre les météorites, le vent solaire et certains rayonnements nocifs du Soleil. Tous ces facteurs ont permis à la vie de s'épanouir sur la Terre sous une infinité de formes.

Faits

Tableau comparatif des planètes

Voici un résumé des principales caractéristiques des neuf planètes du Système solaire.

	Mercure	Vénus	Terre	Mars	Jupiter	Saturne	Uranus	Neptune	Pluton
Diamètre	4 878 km	12 100 km	12 756 km	6 787 km	142 984 km	120 536 km	51 108 km	49 538 km	2 350 km
Distance moyenne du Soleil	58 millions de km	108 millions de km	150 millions de km	228 millions de km	778 millions de km	1 429 millions de km	2 875 millions de km	4 504 millions de km	5 915 millions de km
Température moyenne	De -180 à 427 °C	475 °C	20 °C	De -123 à 20 °C	-110 °C	-180 °C	-220 °C	-230 °C	-238 °C
Durée d'une journée	58,6 jours	243 jours	23,9 heures	24,6 heures	9,8 heures	10,6 heures	17,2 heures	16,1 heures	6,3 jours
Durée d'une année	87,9 jours	224,7 jours	365,25 jours	687 jours	11,8 ans	29,4 ans	83,7 ans	163,7 ans	248,5 ans
Nombre de lunes connues	0	0	1	2	63	31	27	13	1
Nombre d'anneaux connus	0	0	0	0	3	des milliers	11	4	0
Visites de sondes spatiales	1	22	0	16	6	4	1	1	0

La phrase qui suit est un excellent truc pour se rappeler l'ordre des planètes à partir du Soleil : « **M**on **V**ieux **T**u **M**e **J**ettes **S**ur **U**ne **N**ouvelle **P**lanète ».

Les 10 étoiles les plus brillantes

Vues de la Terre, les étoiles n'ont pas toutes le même éclat. Une étoile peut sembler moins brillante qu'une autre soit parce qu'elle est plus éloignée, soit parce qu'elle produit une moins grande quantité de lumière. Par exemple, Rigel et Bételgeuse semblent presque aussi brillantes l'une que l'autre mais en réalité, Rigel est environ deux fois plus éloignée et quatre fois plus lumineuse. L'éclat des étoiles dans le ciel est appelé magnitude. Plus un astre est brillant, moins sa magnitude apparente est élevée. Les étoiles les plus brillantes ont des magnitudes de 0 ou négatives.

Nom	Constellation	Couleur	Magnitude apparente	Distance de la Terre (années-lumière)
Sirius	Grand Chien	Blanche	- 1,46	8,6
Canopus	Carène	Blanche	- 0,72	313
Arcturus	Bouvier	Orange	- 0,04	36,7
Alpha du Centaure	Centaure	Jaune	0,00	4,3
Véga	Lyre	Blanche	+ 0,03	25,3
Capella	Cocher	Jaune	+ 0,08	42
Rigel	Orion	Bleu-blanc	+ 0,12	773
Procyon	Petit Chien	Blanche	+ 0,38	11,4
Achernar	Éridan	Bleu-blanc	+ 0,46	144
Bételgeuse	Orion	Rouge	+ 0,50	522

Les prochaines éclipses totales de Soleil jusqu'en 2015

Les éclipses de Soleil ont toujours lieu le jour et ne sont visibles que d'une région limitée du globe qui s'étend sur quelques centaines de kilomètres de largeur. Les éclipses solaires totales durent au maximum sept minutes. Mais attention, on ne doit jamais regarder le Soleil à l'œil nu, et encore moins avec des jumelles ou un télescope, même s'il est caché lors d'une éclipse. Cela peut sérieusement endommager les yeux !

Date	Lieu d'observation idéal
8 avril 2005	Pacifique Est, Colombie, Venezuela
29 mars 2006	Afrique du Nord et de l'Ouest, Turquie, Sud de la Russie, Atlantique
1er août 2008	Nord du Canada, Groenland, Sibérie, Mongolie, Chine
22 juillet 2009	Inde, Népal, Chine, Pacifique Centre
11 juillet 2010	Pacifique Sud, île de Pâques, Chili, Argentine
13 novembre 2012	Nord de l'Australie, Pacifique Sud
3 novembre 2013	Atlantique, Afrique centrale
20 mars 2015	Nord-Est de l'Atlantique

Les prochaines éclipses totales de Lune jusqu'en 2015

Contrairement à une éclipse de Soleil, on peut suivre sans danger une éclipse de Lune à l'œil nu. Bien que moins spectaculaire, ce phénomène est plus fréquent et dure plus longtemps, soit environ une heure.

Date	Lieu d'observation idéal
3 mars 2007	Afrique, Europe
28 août 2007	Pacifique Centre, Ouest de l'Amérique
21 février 2008	Amérique, Europe de l'Ouest
21 décembre 2010	Amérique du Nord, Ouest de l'Amérique du Sud
15 juin 2011	Sud-Ouest de l'Asie, Afrique, océan Indien
10 décembre 2011	Pacifique Ouest, Est de l'Asie, Alaska, Yukon
15 avril 2014	Ouest de l'Amérique, Pacifique
8 octobre 2014	Pacifique, Ouest de l'Amérique
4 avril 2015	Pacifique, Ouest de l'Amérique
28 septembre 2015	Ouest de l'Afrique et de l'Europe, Amérique, France

Les principales pluies d'étoiles filantes

La Terre croise régulièrement la trajectoire d'une ancienne comète. En pénétrant dans l'atmosphère terrestre, les poussières et débris rocheux laissés derrière par la comète s'enflamment, produisant une pluie d'étoiles filantes. On peut observer quelques pluies célèbres à des moments précis de l'année, lorsque la Terre traverse la queue de la comète qui leur est associée. Les météores semblent alors venir d'un endroit précis du ciel, délimité par une ou deux constellations.

Nom	Constellations à surveiller	Dates (maximum)	Nombre par heure	Objet associé
Quadrantides	Bouvier	3–4 janvier	4–8	Inconnu
Lyrides	Hercules-Lyre	21–22 avril	8	Comète Thatcher
Eta Aquarides	Verseau–Poissons	4–5 mai	6	Comète Halley
Delta Aquarides	Verseau	28–29 juillet	20	Inconnu
Perséides	Persée	12–13 août	70	Comète Swift-Tuttle
Orionides	Orion	21–22 octobre	20	Comète Halley
Taurides	Taureau	2–3 novembre	15	Comète Encke
Léonides	Lion	17–18 novembre	20	Comète Tempel-Tuttle
Géminides	Gémeaux	13–14 décembre	18–50	Astéroïde 3200 Phaéton
Ursides	Petite Ourse	22–23 décembre	20	Comète Tuttle

Cartes du ciel

Le ciel de l'hémisphère Nord

Avec un peu d'imagination, on arrive à former des figures dans le ciel en reliant les points lumineux par des lignes imaginaires : ce sont les constellations. Il y a plus de 2 000 ans, les anciens Grecs et Romains ont identifié environ deux tiers des 88 constellations connues de nos jours. Il faut souvent beaucoup d'imagination pour reconnaître les personnages, animaux ou objets qu'elles sont censées représenter ! Les constellations visibles dans le ciel de l'hémisphère Nord ne sont pas les mêmes que celles que l'on peut observer depuis l'hémisphère Sud. Au nord comme au sud, les diverses constellations défilent dans le ciel au fur et à mesure que la Terre poursuit sa course autour du Soleil. Il existe donc différentes cartes pour les ciels du Nord et du Sud selon l'époque de l'année. La carte du ciel illustrée ici présente les principales constellations que l'on peut observer dans l'hémisphère Nord toutes les nuits de l'année à 22 h (ou une heure plus tard l'été, pour les pays où l'on avance l'heure).

Lion

Le Lion est l'une des plus vieilles constellations connues. Il y a près de 6 000 ans, les Sumériens (les premiers habitants de la Mésopotamie, l'actuel Iraq) la représentaient déjà dans le zodiaque. Les peuples de toutes les cultures et de toutes les époques ont reconnu dans les étoiles de droite la tête d'un lion.

La Grande Ourse

La Grande Ourse est certainement la constellation la plus connue. On la reconnaît surtout à ses sept étoiles les plus brillantes qui forment la queue et une partie du dos de l'animal. La formation du Grand Chariot, considérée à tort comme une constellation, correspond à ce groupement d'étoiles prenant la forme d'une casserole. Les autres étoiles de la Grande Ourse, moins brillantes, se distinguent plus facilement par nuit noire.

Le ciel du Nord

Le globe terrestre est séparé en deux moitiés par l'équateur : l'hémisphère Nord et l'hémisphère Sud. Le ciel du Nord correspond à la moitié supérieure de la sphère céleste. Ses constellations sont visibles depuis les grandes régions de l'hémisphère Nord, comme l'Europe, les États-Unis, le Canada et le Japon.

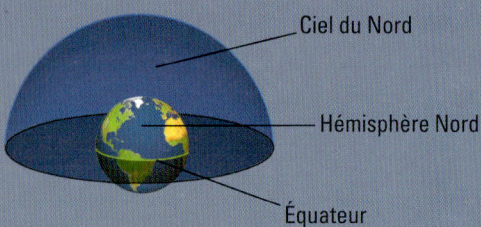

Taureau

Des représentations du Taureau ont été retrouvées sur des tablettes d'argile datant de la grande époque de la Mésopotamie, il y a plus de 3 000 ans. Le taureau est l'une des 12 constellations du zodiaque.

Comment utiliser les cartes

Après avoir choisi la carte du ciel de l'hémisphère approprié, tenez le livre bien à plat. Avec l'aide d'une boussole, trouvez le nord, si vous utilisez la carte de l'hémisphère Nord, ou le sud, si vous vous trouvez dans l'hémisphère Sud, et placez-vous face à cette direction. Puis, tournez la carte jusqu'à ce que le mois d'observation se trouve en haut. Les étoiles situées au centre de la carte se trouvent au-dessus de votre tête, et celles placées au bord, près de l'horizon. Une fois en position, partez à la recherche d'un point de repère tel qu'une étoile très brillante ou une constellation facilement reconnaissable.

Le ciel de l'hémisphère Sud

Si la plupart des constellations visibles dans le ciel de l'hémisphère Nord ont été nommées par les anciens Grecs il y a plus de 2 000 ans, les constellations du Sud l'ont été beaucoup plus tard. Invisibles depuis la Méditerranée, elles ont été baptisées aux 17e et 18e siècles par des explorateurs européens. La carte du ciel illustrée ici représente les principales constellations que l'on peut observer dans le ciel du Sud toutes les nuits de l'année à 22 h (ou une heure plus tard l'été, pour les pays où l'on avance l'heure). Le ciel du Sud correspond au ciel des grandes régions de l'hémisphère Sud comme l'Amérique du Sud, l'Afrique du Sud, l'Australie et la Nouvelle-Zélande.

La Croix du Sud

La Croix du Sud est sans aucun doute la plus célèbre des constellations du Sud. Elle est aussi une des plus petites constellations, et ses quatre étoiles principales sont parmi les plus brillantes du ciel. Avant qu'elle soit nommée, en 1515, ses étoiles faisaient partie de la constellation du Centaure.

Orion

Orion est une des constellations les plus spectaculaires du ciel. Bien visible au-dessus de l'horizon, elle représente le chasseur Orion, le fils du dieu de la mer dans la mythologie grecque et romaine. Deux étoiles brillantes, la grosse étoile rouge Bételgeuse et la grosse étoile bleue Rigel, forment respectivement l'épaule et le pied du chasseur. Orion est facile à reconnaître à ses étoiles alignées qui forment la ceinture du chasseur. Cette constellation, visible dans le ciel des deux hémisphères, est un repère utile pour retrouver les différentes constellations.

Le ciel du Sud

Le ciel du Sud correspond à la moitié inférieure de la sphère céleste. Ses constellations sont visibles depuis l'hémisphère Sud. La ligne de l'écliptique marque la trajectoire apparente du Soleil dans le ciel.

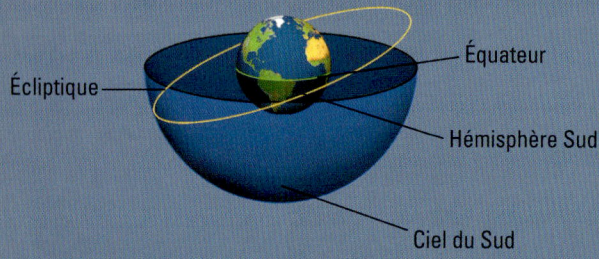

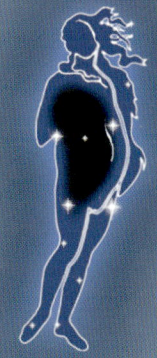

Vierge

La Vierge est une des grandes constellations du ciel. Selon la légende, la Vierge représente la déesse des moissons portant un épi de blé.

Le zodiaque et l'astrologie

Le zodiaque est une étroite bande de la sphère céleste au centre de laquelle le Soleil, la Lune et les planètes semblent se déplacer. En avançant sur cette route céleste, le Soleil traverse au cours d'une année 12 constellations : Poissons, Bélier, Taureau, Gémeaux, Cancer, Lion, Vierge, Balance, Scorpion, Sagittaire, Capricorne et Verseau. Ce sont les constellations du zodiaque. D'après les astrologues, la disposition des étoiles et des planètes le jour de notre naissance détermine notre destin. Notre signe astrologique correspondrait ainsi à la constellation visitée par le Soleil au moment de notre naissance. Mais de nos jours, les dates astrologiques ne correspondent plus aux dates astronomiques. Par exemple, le mois astral de la Vierge s'étend du 23 août au 22 septembre, alors que dans la réalité, le Soleil se déplace dans cette constellation du 17 septembre au 31 octobre ! Comme la science n'a jamais réussi à prouver que les astres avaient une influence sur notre personnalité, les scientifiques croient que l'astrologie n'est que superstition.

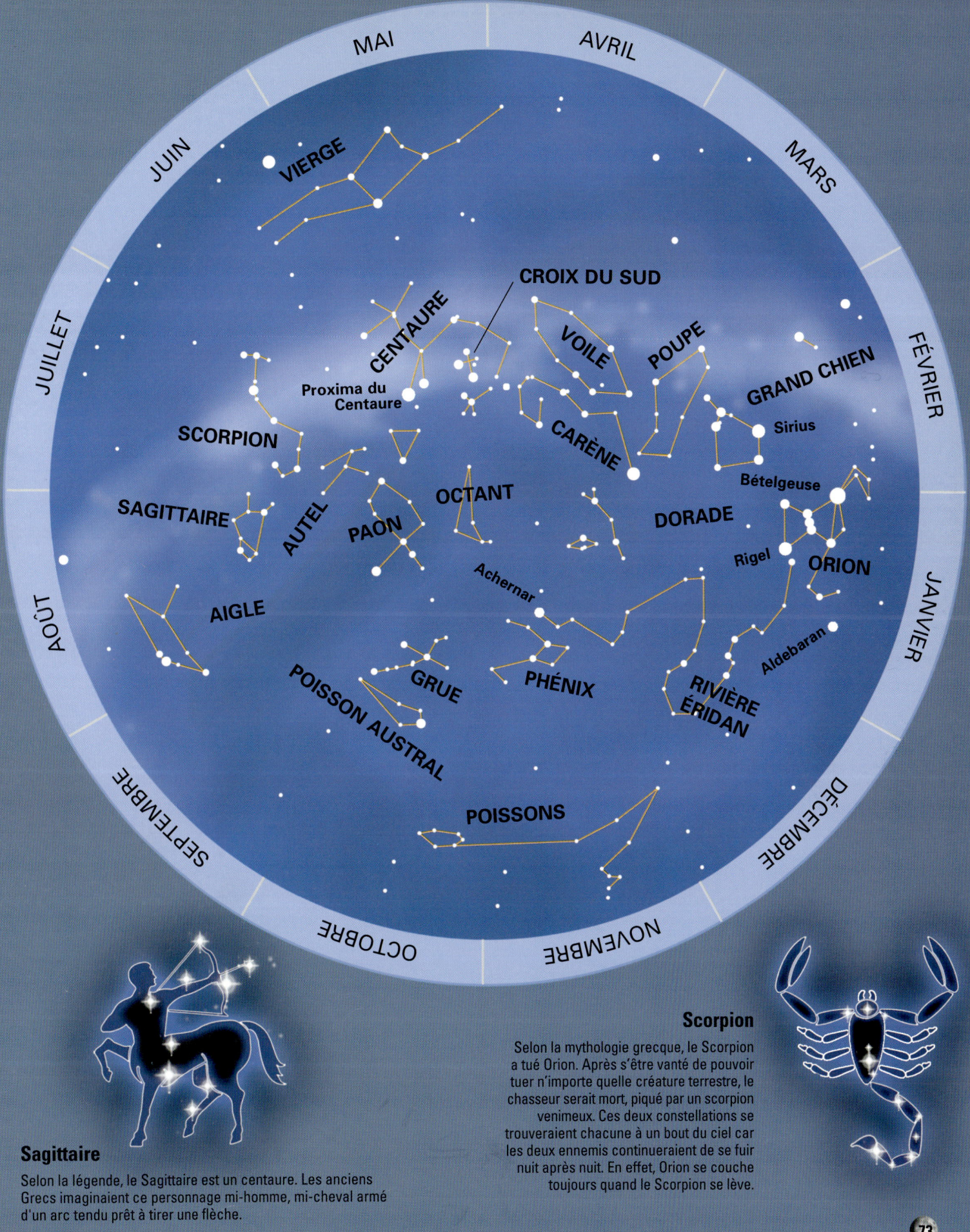

Sagittaire

Selon la légende, le Sagittaire est un centaure. Les anciens Grecs imaginaient ce personnage mi-homme, mi-cheval armé d'un arc tendu prêt à tirer une flèche.

Scorpion

Selon la mythologie grecque, le Scorpion a tué Orion. Après s'être vanté de pouvoir tuer n'importe quelle créature terrestre, le chasseur serait mort, piqué par un scorpion venimeux. Ces deux constellations se trouveraient chacune à un bout du ciel car les deux ennemis continueraient de se fuir nuit après nuit. En effet, Orion se couche toujours quand le Scorpion se lève.

Activités

Recrée les phases de la Lune.

D'un soir à l'autre, la Lune change de forme apparente dans le ciel. L'expérience suivante t'aidera à comprendre pourquoi.

Matériel nécessaire

Pour réaliser ton expérience, tu devras t'installer dans une pièce sombre, à l'abri de la lumière du Soleil. Idéalement, tu devrais pouvoir éteindre la lumière de cette pièce. N'oublie pas : plus il fera noir, plus il te sera facile d'observer le phénomène des phases de la Lune.

- Une lampe de poche
- Un ballon
- Une feuille de papier d'aluminium assez grande pour recouvrir entièrement le ballon

1. Recouvre ton ballon avec du papier d'aluminium.

2. Pose la lampe de poche sur un meuble, de manière que son faisceau de lumière éclaire au-dessus de ta tête. Éteins les lumières et place-toi devant la lampe de poche.

3. Tiens le ballon au bout de tes bras, de manière que la lampe de poche l'éclaire, puis tourne sur toi-même lentement. Ne quitte pas le ballon des yeux et remarque la façon dont il est éclairé !

Observe bien

Dans cette expérience, le ballon joue le rôle de la Lune. La lampe de poche, quant à elle, remplace le Soleil, tandis que tu représentes la Terre.

Lorsque le ballon se trouve parfaitement aligné entre toi et la lampe de poche, le côté du ballon qui te fait face t'apparaît noir. Dans l'espace, c'est le moment où la Lune a le « dos » éclairé par le Soleil. Vue de la Terre, sa face est alors sombre : c'est la nouvelle lune.

Au contraire, lorsque ton corps se trouve entre la lampe et le ballon, la face du ballon tournée vers toi est complètement éclairée. Dans l'espace, c'est le moment où la Lune a le « devant » éclairé par le Soleil. Vue de la Terre, sa face est complètement lumineuse : c'est la pleine lune.

Les différentes zones d'ombre et de clarté que tu observes sur le ballon entre ces deux moments correspondent aux différentes phases de la Lune.

Recrée le Système solaire… pas à pas.

Les distances entre les planètes du Système solaire sont si grandes qu'elles sont difficiles à imaginer. Crée ton propre Système solaire ! Il t'aidera à mieux imaginer ces distances.

Matériel nécessaire

Il est préférable de réaliser cette expérience à l'extérieur, sur le trottoir.

- De grosses craies de trottoir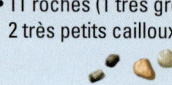
- 11 roches (1 très grosse, 4 grosses, 2 moyennes, 2 petites et 2 très petits cailloux)

Expérience

1. Commence ton Système solaire en plaçant la plus grosse roche à tes pieds. À côté, inscris SOLEIL.

2. Appuie le talon d'un de tes pieds contre la grosse roche. À la moitié de ton pied, place une petite roche. À côté, inscris MERCURE.

3. À la jointure de ton gros orteil, dépose une roche moyenne. À côté, inscris VÉNUS.

4. Au bout de ton pied, place l'autre roche moyenne. À côté, inscris TERRE. Tout juste à côté de cette roche, mets un petit caillou : c'est la Lune.

5. À partir de maintenant, avance en plaçant le talon d'un de tes pieds juste devant les orteils de l'autre et compte le bon nombre de pieds avant de déposer la prochaine « planète ». À un pied et demi du Soleil, place l'autre petite roche. À côté, inscris MARS. Pour un meilleur effet, place toutes les roches en ligne droite.

6. À 5 pieds du Soleil, place une grosse roche. À côté, inscris JUPITER.

7. À 9 pieds et demi du Soleil, place une grosse roche. À côté, inscris SATURNE.

8. À 19 pieds du Soleil, place une grosse roche. À côté, inscris URANUS.

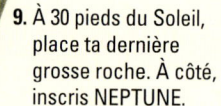

9. À 30 pieds du Soleil, place ta dernière grosse roche. À côté, inscris NEPTUNE.

10. Finalement, à 40 pieds du Soleil, place ton dernier petit caillou. À côté, inscris PLUTON.

Observe bien

Les planètes situées les plus près du Soleil, les planètes rocheuses ou terrestres, sont plus rapprochées les unes des autres que ne le sont les planètes gazeuses, dites joviennes. Pluton, quant à lui, fait vraiment bande à part.

Fais décoller une fusée.

Matériel nécessaire

Pour réaliser cette expérience, il est préférable que tu t'installes dehors ; le mélange de comprimés contre l'acidité gastrique et d'eau peut causer des dégâts !

- Une règle

- Un crayon

- Un petit contenant de plastique dont le couvercle se glisse à l'intérieur du rebord (Le contenant utilisé pour ranger un film d'appareil photo fera parfaitement l'affaire.)
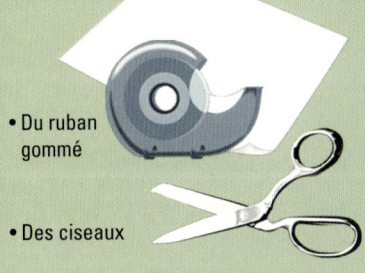

- Une feuille de papier mesurant 21,5 cm de largeur sur 28 cm de longueur

- Du ruban gommé

- Des ciseaux

- De l'eau
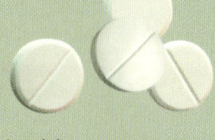

- Des comprimés effervescents contre l'acidité gastrique (Ce genre de comprimés se trouve en pharmacie. Demande à un adulte de t'aider à les trouver.)

- Des lunettes de sécurité

Expérience

1. Sur la feuille de papier, reproduis les lignes pointillées et les lignes pleines telles qu'elles apparaissent sur le plan ci-dessus.

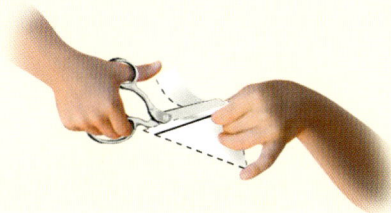
2. Coupe le long des lignes pointillées, comme indiqué sur le plan.

3. Plie le long des lignes pleines, comme indiqué sur le plan.

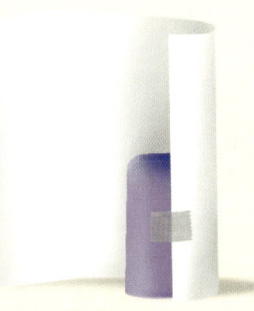
4. Colle le contenant de plastique, l'ouverture vers le bas, sur le bord inférieur du rectangle de papier, puis enroule le papier pour former le corps de ta fusée.

5. Roule les trois quarts du cercle en un cône pour obtenir le nez de ta fusée. Tu peux maintenant coller le nez au corps.

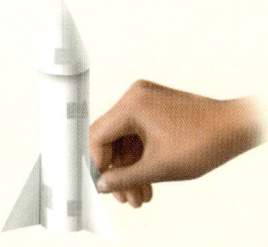
6. Colle les ailerons au corps de la fusée.

7. Retourne la fusée et verse de l'eau dans le petit contenant de plastique au tiers de sa capacité.

8. Pour cette étape-ci, agis rapidement ! Laisse tomber un comprimé effervescent dans l'eau et referme le couvercle.

9. Dépose la fusée, son couvercle contre une surface plane. Puis, recule-toi un peu et attends quelques secondes…

Observe bien

Lorsqu'on le plonge dans l'eau, le comprimé effervescent se dissout et crée des milliers de petites bulles de gaz qui exercent une pression à l'intérieur du contenant de plastique. Cette pression devient si forte qu'à un moment elle fait sauter le couvercle !

Les fusées que nous envoyons dans l'espace ont besoin d'une énorme quantité de carburant. En brûlant, le carburant produit des gaz chauds qui sont expulsés violemment par les réacteurs. Cette expulsion de gaz est si puissante qu'elle crée une poussée suffisante pour faire décoller la fusée.

Glossaire

A

Année
Temps mis par une planète pour faire le tour du Soleil.

Année-lumière
Distance parcourue par la lumière en une année à la vitesse de 300 000 km/s, soit environ 10 000 milliards de kilomètres. Sert d'unité de mesure de distance aux astronomes.

Apesanteur
État dans lequel se trouvent les êtres vivants et les objets en l'absence d'attraction terrestre. Sans poids apparent, ils flottent librement dans l'espace.

Astre
Planète, étoile ou tout autre corps céleste.

Astronaute
Personne qui voyage dans l'espace à bord d'un vaisseau spatial. Les Russes utilisent le terme de cosmonaute alors que les Français préfèrent celui de spationaute.

Astronome
Scientifique qui étudie les astres et la structure de l'Univers.

Atmosphère
Couche de gaz qui entoure une planète, un satellite naturel ou une étoile.

Atome
Constituant élémentaire de la matière. Il est constitué d'un noyau (lui-même formé de protons et de neutrons) autour duquel gravitent un ou des électrons.

Axe de rotation
Ligne imaginaire qui traverse un objet de part en part, et autour de laquelle celui-ci tourne.

B

Big Bang
Événement survenu il y a environ 15 milliards d'années qui aurait donné naissance à toute la matière contenue dans l'Univers. À ce jour, le Big Bang est la théorie scientifique la plus généralement acceptée pour expliquer la naissance de l'Univers.

C

Champ magnétique
Région entourant un corps et dans laquelle s'exerce une force magnétique.

Cratère
Trou creusé par l'impact d'une météorite sur la surface d'une planète, d'une lune ou d'un astéroïde.

D

Densité
La masse d'un corps par unité de volume.

Diamètre
Ligne droite qui traverse un objet rond en passant par son centre.

E

Électron
Particule élémentaire de charge électrique négative qui orbite autour du noyau de l'atome.

Élément chimique
Substance qui ne comporte qu'un seul type d'atome.

Ellipse
Trajectoire en forme d'ovale aplati suivie par les objets célestes en orbite.

Énergie
Capacité d'un objet à fournir du travail. Il existe différents types d'énergie tels que la chaleur, la lumière et l'électricité.

Équateur
Ligne imaginaire qui entoure la Terre à mi-chemin des pôles et qui sépare l'hémisphère Nord de l'hémisphère Sud.

Espace
Région dépourvue d'air qui se trouve au-delà de l'atmosphère terrestre.

Extraterrestre
Tout ce qui vient de l'extérieur de la planète Terre. Habitant d'une autre planète.

F

Fusion nucléaire
Réaction au cours de laquelle les noyaux d'atomes se combinent pour former de plus gros noyaux, libérant une quantité énorme d'énergie.

G

Gaz
Substance qui se trouve naturellement à l'état gazeux et dans laquelle les atomes, qui ne sont pas reliés les uns aux autres, occupent tout l'espace disponible.

Gravitation ou gravité
Force d'attraction existant entre deux corps. Elle crée le mouvement des planètes, des étoiles et des galaxies dans l'espace et attire les objets vers le sol sur Terre. Plus un corps est massif et rapproché, plus la force qu'il exerce est grande.

H

Hélium
Gaz très léger. Élément chimique simple qui est abondant dans les étoiles, notamment le Soleil.

Hydrogène
Gaz le plus léger. Élément chimique simple le plus abondant de l'Univers.

I

Interstellaire
Qui est situé entre les étoiles.

J

Journée
Temps mis par une planète pour faire un tour complet sur elle-même.

M

Magnitude
Mesure de la brillance d'un corps céleste, en particulier d'une étoile. Plus le nombre est petit (et même négatif), plus l'objet est brillant.

Masse
Quantité de matière contenue dans un corps.

Matière
Substance constituant un objet.

Méthane
Gaz formant un mélange explosif avec l'air. Il se dégage, entre autres, des végétaux en décomposition.

Mythologie
Ensemble des mythes et légendes d'un peuple. Beaucoup de dieux et de héros des mythologies grecque et romaine ont donné leur nom à des objets célestes.

N

NASA
Agence spatiale américaine (National Aeronautics and Space Administration).

Neutron
Particule non chargée se trouvant dans le noyau de l'atome.

Noyau
Portion centrale d'un atome, d'une comète, d'une galaxie ou d'une cellule.

O

Orbite
Trajectoire d'un objet ou d'un astre tournant autour d'un autre corps céleste sous le contrôle de sa gravitation.

P

Particule élémentaire
Constituant de l'atome qui ne peut être décomposé en particules plus petites.

Particule subatomique
Particule constituant l'atome.

Poids
Force gravitationnelle qui s'exerce sur un objet et qui varie selon sa masse.

Proton
Particule de charge électrique positive constituant, avec le neutron, le noyau atomique.

Q

Quark
Particule élémentaire chargée, constituante des protons et neutrons, notamment.

S

Satellite
Corps en orbite dans l'espace autour d'un objet plus gros. Les lunes sont des satellites naturels qui gravitent autour des planètes. Les satellites artificiels sont des engins placés en orbite autour d'un astre, principalement la Terre, par une fusée ou une navette.

U

Univers
Ensemble de tout ce qui existe.

Index

Caractères gras = Entrée principale

61 Cygni 23

A
Achernar 23, 68
Activité solaire 18, 55
Adams, John Couch 45
Aldébaran 23
Alpha du Centaure 68
Amas 10, 12, 13
Amas de la Vierge 13
Andromède (galaxie) 11, 13
Anneaux de Jupiter 39
Anneaux de Saturne 40, 41
Anneaux d'Uranus 42, 43
Année 27, 31, 34, 35, 68
Années-lumière 23
Apesanteur 64, 65
Arcturus 68
Aristote 33
Armstrong, Neil 49, 61
Astéroïdes 26, 28, 42, 48, **52, 53**, 56
Astrobiologie 66
Astrologie 73
Astronautes 64, 65
Astronomie 60
Atmosphère (Terre) 19, 32, 56, 60, 67
Atomes 6, 8, 9, 16
Aurores australes 19
Aurores boréales 18, 19
Aurores polaires 18, 19
Axe 27

B
Balance (constellation) 73
Bassin Caloris 28
Bélier (constellation) 73
Bételgeuse 23, 68, 73
Big Bang 6, 7
Big Crunch 7
Bras de Persée (Voie lactée) 13
Bras d'Orion (Voie lactée) 13
Bras du Centaure (Voie lactée) 13
Bras du Cygne (Voie lactée) 13
Bras du Sagittaire (Voie lactée) 13
Bulbe (Voie lactée) 13

C
Callisto 39
Cancer (constellation) 73
Canopus 68
Capella 68
Capricorne (constellation) 73
Cartes du ciel 70, 71, 72, 73
Ceinture de Kuiper 46, 55
Ceinture principale d'astéroïdes 27, 52
Centaure (constellation) 72
Cérès 52
Champ magnétique 19, 33
Charon 47
Chromosphère (Soleil) 17
Ciel du Nord 70, 71
Ciel du Sud 72, 73
Columbia (navette spatiale) 64
Coma (comète) 54
Comète Hale-Bopp 54
Comète Halley 55
Comètes 26, **54, 55**, 56, 69
Constellations 60, **70, 71, 72, 73**
Cosmologistes 6
Couleurs (étoiles) 22, 23, 68
Couronne (Soleil) 17
Cratères 28, 32, 48, 57
Croix du Sud (constellation) 72
Croûte (Terre) 32, 33

D
Dalton, John 8
Deimos 36
Delta Aquarides (pluie d'étoiles filantes) 69
Démocrite 8
Densité 41
Dinosaures 56

E
Éclipse de Lune 33, 50, 69
Éclipse de Soleil 17, 19, 50, 69
Éclipses 17, 19, 33, 50, 69
Écliptique 72
Écorce (Terre) 33
Effet de serre 31
Électrons 6, 8, 9
Éléments chimiques 9
Endeavour (navette spatiale) 61
Énergie 6, 16, 17, 20, 35
Équateur 35, 70, 72
Éros (astéroïde) 53
Érosion 32
Eta Aquarides (pluie d'étoiles filantes) 69
Étoile du Berger (Vénus) 30
Étoile du matin (Vénus) 30
Étoile du soir (Vénus) 30
Étoiles 6, 7, 8, 9, 10, 11, 12, 13, **20, 21, 22, 23**, 38, 60, 68, 70, 71, 72, 73
Étoiles filantes 56, 69
Europa 39
Extraterrestres 66, 67

F
Force d'attraction 9, 21, 26, 41, 45, 63, 64
Force de gravité 21, 48
Fusées 62, 63, 64, 75
Fusion nucléaire 16, 17, 38

G
Gagarine, Iouri 62
Galaxies 6, 7, 9, **10, 11**, 12, 13, 20, 60
Galaxies elliptiques 11
Galaxies irrégulières 11
Galaxies spirales 11
Galilée 39
Galle, Johann 45
Ganymède 39
Géante rouge (étoile) 21
Gémeaux (constellation) 73
Géminides (pluie d'étoiles filantes) 69
Géocroiseurs 53
Grand boum 7
Grand Chariot 71
Grand écrasement 7
Grand Nuage de Magellan (galaxie) 13
Grande Ourse (constellation) 71
Grande Tache rouge 38
Grande Tache sombre 44
Gravité 9, 51
Groupe local 12, 13

H
Halo (Voie lactée) 13
Hélium 6, 7, 16, 20
Hémisphère Nord 20, 35, 70, 72
Hémisphère Sud 20, 35, 70, 72
Hémisphères 70
Herschel, William 43
Hoyle, Fred 7
Hubble, Edwin 10
Hydrogène 6, 7, 16, 20, 21

I
Io 32, 39

J
Japet 40
Journée 27, 31, 33, 34, 68
Jupiter 16, **38, 39**, 40, 68, 74

L
Lemaître, Georges 7
Léonides (pluie d'étoiles filantes) 69
Le Verrier, Urbain 45
Lion (constellation) 71, 73
Lumière 17, 20, 22, 23, 35, 60, 61
Lune (satellite de la Terre) 9, 19, 32, **48, 49, 50, 51**, 64, 74
Lyrides (pluie d'étoiles filantes) 69

M
Maat Mons 30
Magellan (sonde spatiale) 30
Magnitude 68
Magnitude apparente 68
Manteau (Terre) 33
Marées 51
Mariner 10 (sonde spatiale) 28
Mars 27, **36, 37**, 64, 68, 74
Mathilde (astéroïde) 53
Matière 6, 8, 9, 10
Matière sombre 8
Mercure 26, 27, **28, 29**, 68, 74
Messenger Mercury Orbiter (sonde spatiale) 28
Meteor Crater 57
Météores 56, 69
Météorites 32, 42, 48, **56, 57**
Miranda 42

Miroirs 60, 61
Missions Apollo 49
Mont Olympus 36

N
Naine blanche (étoile) 21
Naine noire (étoile) 21
Navettes spatiales 32, 61, **64, 65**
NEAR (sonde spatiale) 53
Nébuleuse planétaire 21
Nébuleuses 10, 20, 21
Neptune 27, **44, 45,** 46, 47, 68, 74
Neutrons 6, 8, 9
New Horizons (sonde spatiale) 46
Newton, Isaac 9
Noyau (atome) 9
Noyau (comète) 54
Noyau (Soleil) 16, 17
Noyau (Terre) 33
Noyau externe (Terre) 33
Noyau interne (Terre) 33
Nuage d'Oort 55
Nuages 30, 31, 32, 40, 42, 44, 67
Nuages de Jupiter 38, 39
Nuit 34

O
Observatoire du mont Mauna Kea 60
Observatoires 60
Océans 32, 51
Olympus Mons 36
Ondes radio 60, 66
Opportunity (sonde spatiale) 37
Orbite 35
Orbiteur (navette spatiale) 65
Orion (constellation) 73
Orionides (pluie d'étoiles filantes) 69
OVNIS 67

P
Particules subatomiques 6, 8, 9
Pathfinder (sonde spatiale) 37
Perséides (pluie d'étoiles filantes) 69
Petit Nuage de Magellan (galaxie) 13

Phases de la Lune 50, 74
Phobos 36
Photosphère (Soleil) 17
Piazzi, Giuseppe 52
Pioneer (sondes spatiales) 38, 66
Planètes 7, 9, 26, 27, 38, 60, 68
Planètes gazeuses 27, 38, 40, 42, 44, 74
Planètes joviennes 27, 74
Planètes rocheuses 27, 32, 74
Planètes terrestres 27, 74
Plaques tectoniques 33
Pluton 26, 27, 45, **46, 47,** 68, 74
Poissons (constellation) 73
Poussières 10, 13, 20, 21, 26, 54, 55
Procyon 68
Protons 6, 8, 9
Protubérances (Soleil) 18
Proxima du Centaure 23

Q
Quadrantides (pluie d'étoiles filantes) 69
Quaoar 52
Quarks 6
Queue (comète) 54, 55

R
Radiotélescopes 60, 66
Révolution 27, 34
Rigel 68, 73
Rotation 27, 31, 34, 35, 39

S
Sagittaire (constellation) 73
Sagittaire (galaxie) 10
Saisons 34, 35, 36
Saliba 42
Satellites artificiels 62, 64
Satellites de Jupiter 38, 39
Satellites de Mars 36
Satellites de Neptune 44
Satellites de Saturne 40
Satellites d'Uranus 42
Satellites galiléens 39
Satellites naturels (lunes) 26, 68
Satellites-observatoires 60

Saturne 27, **40, 41,** 68, 74
Scorpion (constellation) 73
Sirius 23, 68
Sojourner (sonde spatiale) 37
Soleil 7, **16, 17, 18, 19,** 20, 21, 23, 26, 27, 34, 35, 38, 50, 54, 55, 72, 73, 74
Sondes spatiales 28, 30, 37, 41, 42, 44, 53, **62,** 66, 68
Spica 23
Spirit (sonde spatiale) 37
Station spatiale 64
Station spatiale internationale 64
Superamas 10
Superamas local 12, 13
Supernovas 21
Sycorax 42
Système solaire 7, 13, **26, 27,** 43, 62, 68, 74

T
Taches solaires 18
Taureau (constellation) 71, 73
Taurides (pluie d'étoiles filantes) 69
Télescope spatial Hubble 46, 61
Télescopes 60, 61
Télescopes Keck 60
Température (étoiles) 22, 23
Température (planètes) 68
Tempête solaire 18
Terre 16, 19, 27, **32, 33, 34, 35,** 48, 49, 50, 57, 66, 67, 68, 74
Thalès 50
Théorie atomique 8, 9
Titan 40
Tombaugh, Clyde 47
Trajectoire elliptique 26
Tremblements de terre 32, 33
Triton 44, 46
Trou noir 21

U
Univers 6, 7, 8, 10, 20
Uranus 27, **42, 43,** 44, 66, 74
Ursides (pluie d'étoiles filantes) 69

V
Valles Marineris 36
Véga 68
Vent solaire 18, 19, 55, 67
Vénus 27, **30, 31,** 68, 74
Verseau (constellation) 73
Vie 32, 36, 37, 39, 66, 67
Vierge (constellation) 73
Vitesse de la lumière 12, 23
Voie lactée (galaxie) 7, 10, 11, **12, 13,** 20
Volcans 30, 32, 33, 36, 39
Voyager (sondes spatiales) 41, 42, 44, 66

Z
Zodiaque 73
Zone de convection (Soleil) 17
Zone radiative (Soleil) 17

Crédits photos

Page 11, galaxie spirale : © NASA
Page 11, galaxie elliptique : © Anglo-Australian Observatory
Page 11, galaxie irrégulière : © NOAO/AURA/NSF/WIYN
Page 28, Mercure : © NSSDC/NASA
Page 30, Maat Mons : © JPL/CALTECH/NASA
Page 32, paysage terrestre : © Corel Stock Photo library
Page 36, Mars : © NSSDC/GSFC/NASA
Page 37, paysage martien : © NASA/JPL/Cornell
Page 42, Miranda : © NSSDC/GSFC/NASA
Page 43, William Herschel : © Hulton-Deutsch Collection/CORBIS/Magmaphoto
Page 44, Triton : © JPL/NASA
Page 45, Johann Galle : © Astrophysikalisches Institut Potsdam
Page 47, Clyde Tombaugh : © Lowell Observatory Archives
Page 53, NEAR : © JPL/NASA
Page 57, Meteor Crater : © D. Roddy/Lunar and Planetary Institute/IVV/NASA
Page 62, Mars Express : © JPL/NASA
Page 64, astronautes : © NASA
Page 67, forêt tropicale : © CORBIS/Magmaphoto

Mesures

Plusieurs unités de mesure du livre sont inscrites sous une forme abrégée. Voici le tableau explicatif de ces abréviations ainsi qu'une table de conversion.

Abréviations		
cm	=	centimètre
m	=	mètre
km	=	kilomètre
km/h	=	kilomètre à l'heure
km/s	=	kilomètre par seconde
l	=	litre

Table de conversion	
Métrique	Impérial
1 cm	0,39 pouce
1 m	3,26 pieds
1 km	0,62 mille
10 km	6,21 milles
100 km	62,14 milles
1 kg	2,20 livres
1 l	0,26 gallon

3 1221 07854 5386